춘추전국기

인명사전

편집부 엮음

문예사학 Publishing

전국시대(戰國時代, 센고쿠시대)의 역사적 배경
(1491년~1565년)

전국시대는 일본 15세기 중반부터 17세기 초까지의 사회적, 정치적 변동 및 계속되는 내란의 시기를 말한다. 일반적으로 1467년~1477년 사이 일어난 오닌의 난이 전국시대의 서막으로 간주되는데, 이를 계기로 하여 많은 슈고다이묘守護大名가 몰락한다. 또한 무로마치막부의 권위도 땅에 떨어짐에 따라 무가사회를 통일할 수 있는 구심점이 사라지면서 일본은 15세기 말부터 군웅할거의 시대로 접어들었고 도요토미 히데요시豊臣秀吉가 천하를 통일하기까지 약 1세기 동안 계속되었다.

자신의 출세를 위해서 일개 병사가 장수까지 암살하는, 그야말로 하극상이 횡행하는 이 시절에는 막부에 의지하지 않고 독자 권력으로 일국의 지배를 행하려는 새로운 형태의 영주가 나타났다. 이러한 영주를 전국다이묘(戰國大名, 전국대명)라 한다. 전국다이묘들은 일국의 모든 무사를 자기 부하로 편입시켜 강력한 가신단을 조직했다. 나아가 그 지방의 장원이나 공령公領을 자신의 영지로 하여 영국領國을 통일하고 지배권을 확보하였다. 강한 군사력과 경제력까지 갖춘 전국다이묘들은 일본 사무라이 역사상 가장 강력한 봉건영주였다.

이는 일종의 지방정권이 탄생한 셈이었고 전국다이묘는 일국의 왕이나 다름없었다. 소국가의 왕인 전국다이묘들은 일본이라는 천하를 차지하기 위해 치열한 생존경쟁을 해야만 했다. 그들은 서로의 영지를 빼앗기 위해 같은 편에게도 속임수를 쓰고, 필요에 따라 자식들도 서슴지 않고 죽였다. 자식이 부모를 죽이는 반대의 경우도 잦았다. 이 시기에 수많은 전국다이묘들이 탄생했고 소리 없이 사라졌다.

대표적 전국다이묘에는 사가미相模의 호조 가北條家, 에치젠越前의 아사쿠라 가朝倉家, 스루가駿河와 미카와三河를 지배한 이마가와 가今川家, 에치고越後의 우에스기 가上杉家, 가이甲斐의 다케다 가武田家, 아키安藝를 비롯해, 주고쿠中國 지방 일대에서 규슈, 시코쿠까지 세력을 펼친 모리 가毛利家 등을 들 수 있다.

무려 100년이 넘도록 정치적 불안정과 내전을 이어오던 일본은 마침내 오다 노부나가의 등장으로 대전환기를 맞이하게 된다. 노부나가는 현 아이치현의 일부인 오와리의 이름 없는 영주에서 일본 중부를 지배하는 세력으로 성장하였으나, 1582년 부장인 아케치 미츠히데의 배반으로 죽었다(혼노지의 변).

오다 가의 졸병으로 출발하여 노부나가의 두터운 신뢰를 받으며 부장으로 성장한 도요토미 히데요시는 배신자 아케치 미츠히데를 야마자키 전투에서 무찌르고 이후 정적이 된 오다 가의 옛 중신들을 제거, 또는 포섭하면서 노부나가의 후계자가 된다. 히데요시는 남은 다이묘들에 대한 통제를 확립하며 막강한 권력자로 군림했지만, 미천한 출신 때문에 쇼군의 지위에는 오르지 못했다. 대신 조정의 최고위직 간바쿠에 취임하여 도요토미 정권을 세웠다.

도요토미 히데요시는 죽기 전에 다섯 장수 도쿠가와 이에야스, 마에다 도시이에, 우키타 히데이에, 모리 데루모토, 우에스기 가케가츠를 5대로五大老로 임명하여 그의 아들 도요토미 히데요리가 성인이 될 때까지 섭정으로 삼고 1598년에 사망한다.

1599년 마에다 도시이에가 사망하기 전까지 5대로의 상호 견제 속에서 불안정한 평화가 유지되었으나, 도시이에 사망 후 도쿠가와 이에야스와 이시다 미츠나리를 중심으로 갈등이 심화되었고 이는 세키가하라 전투를 통해 폭발하게 된다. 세키가하라 전투에서 승리한 이에야스는 에도막부를 열었고(1603년) 오사카 전투(1614년~1615년)를 통해서 도요토미 가를 멸망시켰다. 에도막부는 이후 메이지유신(1868년)까지 유지되었다.

전국시대戰國時代 가문별 무장일람

도요토미(豊臣 · 풍신) 가문의 무장

도요토미豊臣

- 대명大名
  - 도요토미 히데요시(豊臣秀吉 · 풍신수길) = 하시바 히데요시
- 일족一族
  - 도요토미 히데나가(豊臣秀長 · 풍신수장) – 히데요시의 동생
  - 차차(茶々) – 히데요시의 처
  - 도요토미 히데요리(豊臣秀頼 · 풍신수뢰) – 차차와 히데요시의 아들
- 가신家臣
  - 가스야 다케노리(糟屋武則 · 조옥무칙) – 시즈가타케 칠본창
  - 가타기리 가츠모토(片桐且元 · 편동차원) – 시즈가타케 칠본창
  - 가토 기요마사(加藤清正 · 가등청정) – 시즈가타케 칠본창 = 가토 토라노스케
  - 가토 미츠야스(加藤光泰 · 가등광태)
  - 가토 요시아키(加藤嘉明 · 가등가명) – 시즈가타케 칠본창
  - 고토 모토츠쿠(後藤基次 · 후등기차)
  - 구로다 간베(黒田官兵衛 · 흑전관병위)
  - 구로다 나가마사(黒田長政 · 흑전장정) – 간베의 아들 = 쇼주마루
  - 기무라 하야토(木村人 · 목촌인) = 기무라 하야토스케
  - 나카가와 기요히데(中川清秀 · 중천청수)
  - 다카야마 우콘(高山右近 · 고산우근)
  - 센고쿠 곤베(仙石権兵衛 · 선석권병위)
  - 와키자카 야스하루(脇坂安治 · 협판안치) – 시즈가타케 칠본창
  - 이시다 미츠나리(石田三成 · 석전삼성)
  - 이케다 츠네오키(池田恒興 · 지전항흥) = 이케다 가츠사부로 노부테루
  - 호리 히데마사(堀秀政 · 굴수정)
  - 후쿠시마 마사노리(福島正則 · 복도정칙) – 시즈가타케 칠본창
  - 히라노 나가야스(平野長泰 · 평야장태) – 시즈가타케 칠본창

오다(織田 · 직전) 가문의 무장

오다織田

- 대명大名 — 오다 노부나가(織田信長 · 직전신장) – 노부히데의 3남(적장자)
- 일족一族
  - 오다 노부히데(織田信秀 · 직전신수) – 노부나가의 아버지
  - 오다 노부미츠(織田信光 · 직전신광) – 노부히데의 동생
  - 오다 노부히로(織田信広 · 직전신광) – 노부히데의 장자(측실의 아들, 서장자)
  - 오다 노부유키(織田信行 · 직전신행) – 노부나가의 동생
  - 오다 노부타다(織田信忠 · 직전신충) – 노부나가의 장남
  - 오다 노부가츠(織田信雄 · 직전신웅) – 노부나가의 차남 = 기타바타케 노부가츠
  - 오다 노부다카(織田信孝 · 직전신효) – 노부나가의 3남 = 간베 노부다카
  - 오다 나가마스(織田長益 · 직전장익) – 오다 노부히데의 11남
  - 오다 노부카네(織田信包 · 직전신포) – 오다 노부히데의 4남
- 가신家臣
  - 구키 요시다카(九鬼嘉隆 · 구귀가륭)
  - 니와 나가히데(丹羽長秀 · 단우장수) – 오다 사천왕 = 니와 고로자에몬 나가히데
  - 다키가와 가즈마스(滝川一益 · 롱천일익) – 오다 사천왕
  - 마에다 도시이에(前田利家 · 전전리가)
  - 마츠나가 히사히데(松永久秀 · 송영구수)
  - 모리 나가요시(森長可 · 삼장가)
  - 모리 난마루(森蘭丸 · 삼란환)
  - 모리 요시나리(森可成 · 삼가성) – 난마루의 아버지
  - 사쿠마 노부모리(佐久間信盛 · 좌구간신성)
  - 사쿠마 모리마사(佐久間盛政 · 좌구간성정)
  - 삿사 나리마사(佐々成政 · 좌성정)
  - 시바타 가츠이에(柴田勝家 · 시전승가) – 오다 사천왕 = 시바타 곤로쿠 가츠이에
  - 아라키 무라시게(荒木村重 · 황목촌중)
  - 아케치 미츠히데(明智光秀 · 명지광수) – 오다 사천왕
  - 하시바 히데요시(羽柴秀吉 · 우시수길) = 도요토미 히데요시
  - 호소카와 유사이(細川幽斎 · 세천유재) = 호소카와 후지다카
  - 히라테 마사히데(平手政秀 · 평수정수) – 노부나가의 스승

도쿠가와(徳川 · 덕천) 가문의 무장

- 도쿠가와徳川
  - 대명大名 — 도쿠가와 이에야스(徳川家康 · 덕천가강) – 도쿠가와 성은 1566년부터 사용
  - 일족一族
    - 도쿠가와 노부야스(徳川信康 · 덕천신강) – 이에야스의 장남, 자결함
    - 도쿠가와 히데타다(徳川秀忠 · 덕천수충) – 이에야스의 3남, 에도막부 제2대 쇼군
  - 가신家臣
    - 도리이 모토타다(鳥居元忠 · 조거원충)
    - 사가이 타다츠구(酒井忠次 · 주정충차) – 도쿠가와 사천왕
    - 사카키바라 야스마사(榊原康政 · 신원강정) – 도쿠가와 사천왕
    - 오쿠다이라 사다마사(奥平貞昌 · 오평정창)
    - 오쿠다이라 사다요시(奥平貞能 · 오평정능)
    - 오쿠보 타다스케(大久保忠佐 · 대구보충좌)
    - 오쿠보 타다요(大久保忠世 · 대구보충세)
    - 이시카와 가즈마사(石川数正 · 석천수정)
    - 이이 나오마사(井伊直政 · 정이직정) – 도쿠가와 사천왕
    - 혼다 타다가츠(本多忠勝 · 본다충승) – 도쿠가와 사천왕
    - 히라이와 치카요시(平岩親吉 · 평암친길)

사이토(齋藤 · 재등) 가문의 무장

- **사이토**齋藤
  - **대명**大名
    - 사이토 도산(齋藤道三 · 재등도삼) = 사이토 도산 히데타츠
  - **일족**一族
    - 사이토 요시타츠(斎藤義龍 · 재등의룡)
    - 사이토 다츠오키(斎藤龍興 · 재등룡흥)
  - **가신**家臣
    - 다케나카 한베(竹中半兵衛 · 죽중반병위) = 다케나카 한베 시게하루
    - 안도 모리나리(安藤守就 · 안등수취) – 미노 삼인방
    - 우지이에 보쿠젠(氏家卜全 · 씨가복전) – 미노 삼인방
    - 이나바 잇테츠(稲葉一鉄 · 도엽일철) – 미노 삼인방

사타케(佐竹 · 좌죽) 가문의 무장

- **사타케**佐竹
  - **대명**大名
    - 사타케 요시아키(佐竹義昭 · 좌죽의소)
  - **일족**一族
    - 사타케 요시시게(佐竹義重 · 좌죽의중) – 요시아키의 아들
    - 사타케 요시카타(佐竹義堅 · 좌죽의견)
    - 사타케 요시히사(佐竹義久 · 좌죽의구) – 요시카타의 차남
  - **가신**家臣
    - 마카베 우지모토(真壁氏幹 · 진벽씨간)
    - 오가모토 젠테츠(岡本禅哲 · 강본선철)
    - 오가모토 켄이츠(岡本顕逸 · 강본현일) – 젠테츠의 아들
    - 와다 아키타메(和田昭為 · 화전소위)

우에스기(上杉 · 상삼) 가문의 무장

우에스기上杉
- 대명大名 — 우에스기 겐신(上杉謙信 · 상삼겸신) = 나가오 가게토라
- 일족一族
  - 나가오 다메가게(長尾為景 · 장미위경) – 겐신의 아버지
  - 우에스기 가게가츠(上杉景勝 · 상삼경승) – 겐신의 양자이자 후계자
- 가신家臣
  - 가키자키 가게이에(柿崎景家 · 시기경가)
  - 기타죠 다카히로(北条高広 · 북조고광)
  - 나오에 가네츠구(直江兼続 · 직강겸속)
  - 나오에 가게츠나(直江景綱 · 직강경강)
  - 사이토 도모노부(斎藤朝信 · 재등조신)
  - 시바타 시게이에(新発田重家 · 신발전중가)
  - 아마카스 카게모치(甘粕景持 · 감박경지)
  - 우사미 사다미츠(宇佐美定満 · 우좌미정만)
  - 혼죠 시게나가(本庄繁長 · 본장번장)

아사쿠라(朝倉 · 조창) 가문의 무장

아사쿠라朝倉
- 대명大名 — 아사쿠라 요시가게(朝倉義景 · 조창의경)
- 일족一族
  - 아사쿠라 가게다카(朝倉景隆 · 조창경륭)
  - 아사쿠라 가게다케(朝倉景健 · 조창경건)
  - 아사쿠라 가게아키라(朝倉景鏡 · 조창경경)
  - 아사쿠라 소우테키(朝倉宗滴 · 조창종적)
- 가신家臣 — 마가라 나오다카(真柄直隆 · 진병직륭)

▲ 호조(北条 · 북조) 가문의 무장

호조北条
- 대명大名 — 호조 우지야스(北条氏康 · 북조씨강) – 後 호조 가 제3대 당주
- 일족一族
  - 호조 겐안(北条幻庵 · 북조환암)
  - 호조 소운(北条早雲 · 북조조운) – 後 호조 가 제1대 당주
  - 호조 우지츠나(北条氏綱 · 북조씨강) – 後 호조 가 제2대 당주
  - 호조 우지마사(北条氏政 · 북조씨정) – 後 호조 가 제4대 당주
  - 호조 우지나오(北条氏直 · 북조씨직) – 後 호조 가 제5대 당주
- 가신家臣
  - 다이도지 마사시게(大道寺政繁 · 대도사정번)
  - 호조 츠나시게(北条綱成 · 북조강성)
  - 후마 고타로(風魔小太郎 · 풍마소태랑)

⊜ 사토미(里見 · 리견) 가문의 무장

사토미里見
- 대명大名 — 사토미 요시다카(里見義堯 · 리견의요)
- 일족一族
  - 사토미 요시요리(里見義頼 · 리견의뢰) – 요시다카의 차남
  - 사토미 요시히로(里見義弘 · 리견의홍) – 요시다카의 장남
- 가신家臣 — 마사키 도키시게(正木時茂 · 정목시무)

아사이(浅井 · 천정) 가문의 무장

아사이浅井
- 대명大名 — 아사이 나가마사(浅井長政 · 천정장정)
- 일족一族 — 아사이 히사마사(浅井久政 · 천정구정) – 나가마사의 부친
- 가신家臣
  - 미야베 케이쥰(宮部継潤 · 궁부계윤)
  - 이소노 가즈마사(磯野員昌 · 기야원창)
  - 엔도 나오츠네(遠藤直経 · 원등직경)
  - 가이호 츠나치카(海北綱親 · 해북강친)

이마가와(今川 · 금천) 가문의 무장

이마가와今川
- 대명大名 — 이마가와 요시모토(今川義元 · 금천의원)
- 일족一族 — 이마가와 우지자네(今川氏真 · 금천씨진) – 요시모토의 아들
- 가신家臣
  - 아사히나 야스요시(朝比奈泰能 · 조비내태능)
  - 아사히나 야스토모(朝比奈泰朝 · 조비내태조)
  - 오카베 모토노부(岡部元信 · 강부원신)

⊖ 아시카가(足利 · 족리) 가문의 무장

아시카가足利
- 대명大名 — 아시카가 요시테루(足利義輝 · 족리의위) – 아시카가막부 제13대 쇼군
- 일족一族 — 아시카가 요시아키(足利義昭 · 족리의소) – 아시카가막부 제15대 쇼군
- 가신家臣 — 와다 고레마사(和田惟政 · 화전유정)

미요시(三好 · 삼호) 가문의 무장

미요시三好
- 대명大名 — 미요시 나가요시(三好長慶 · 삼호장경)
- 일족一族
  - 미요시 요시카타(三好義賢 · 삼호의현) – 나가요시의 동생
  - 미요시 요시오키(三好義興 · 삼호의흥) – 나가요시의 아들
  - 미요시 나가하루(三好長治 · 삼호장치) – 요시카타의 아들
  - 미요시 마사가츠(三好政勝 · 삼호정승) – 마사나가의 아들
  - 미요시 요시츠구(三好義継 · 삼호의계) – 가즈마사의 아들
  - 미요시 나가유키(三好長逸 · 삼호장일) – 미요시 가 삼인방의 필두
  - 미요시 마사야스(三好政康 · 삼호정강) – 마사나카의 아들, 미요시 가 삼인방
- 가신家臣
  - 마츠나가 히사히데(松永久秀 · 송영구수) – 미요시 가의 중신
  - 이와나리 토모미치(岩成友通 · 암성우통) – 미요시 가 삼인방

혼간지(本願寺 · 본원사) 가문의 무장

혼간지本願寺

- **대명**大名 — 혼간지 겐뇨(本願寺顕如 · 본원사현여) – 혼간지 가 제11대 법주
- **일족**一族
  - 혼간지 교뇨(本願寺教如 · 본원사교여) – 겐뇨의 아들
  - 혼간지 쇼뇨(本願寺証如 · 본원사정여) – 혼간지 가 제10대 법주
- **가신**家臣 — 스즈키 사다요(鈴木佐大夫 · 령목좌대부)

모리(毛利 · 모리) 가문의 무장

모리毛利

- **대명**大名 — 모리 모토나리(毛利元就 · 모리원취)
- **일족**一族
  - 깃카와 모토하루(吉川元春 · 길천원춘) – 모토나리의 아들, 모리 료센毛利両川
  - 고바야카와 다카가게(小早川隆景 · 소조천륭경) – 모토나리의 아들, 모리 료센毛利両川
- **가신**家臣
  - 구치바 미치요시(口羽通良 · 구우통량)
  - 깃카와 츠네이에(吉川経家 · 길천경가)
  - 시미즈 무네하루(清水宗治 · 청수종치)
  - 안코쿠지 에케이(安国寺恵瓊 · 안국사혜경) = 에케이
  - 요시미 마사요리(吉見正頼 · 길견정뢰)
  - 후쿠하라 사다토시(福原貞俊 · 복원정준)

다테(伊達 · 이달) 가문의 무장

- **다테伊達**
  - **대명大名** — 다테 마사무네(伊達政宗 · 이달정종)
  - **일족一族** — 다테 하루무네(伊達晴宗 · 이달청종)
  - **가신家臣**
    - 나가노 무네토키(中野宗時 · 중야종시)
    - 시로이시 무네자네(白石宗実 · 백석종실)
    - 엔도 모토노부(遠藤基信 · 원등기신)
    - 오니와 사게츠사이(鬼庭左月斎 · 귀정좌월재)
    - 오니와 츠나모토(鬼庭綱元 · 귀정강원)
    - 하라다 무네토키(原田宗時 · 원전종시)

모가미(最上 · 최상) 가문의 무장

- **모가미最上**
  - **대명大名** — 모가미 요시아키(最上義光 · 최상의광) – 우슈의 여우羽州の狐
  - **일족一族** — 모가미 요시모리(最上義守 · 최상의수) – 요시아키의 부친
  - **가신家臣** — 노베사와 미츠노부(延沢満延 · 연택만연)

◈ 다케다(武田 · 무전) 가문의 무장

다케다武田

- **대명**大名 — 다케다 신겐(武田信玄 · 무전신현)
- **일족**一族
  - 다케다 노부토라(武田信虎 · 무전신호) – 신겐의 아버지
  - 다케다 노부시게(武田信繁 · 무전신번) – 신겐의 동생, 신겐의 그림자 무사
  - 다케다 가츠요리(武田勝頼 · 무전승뢰) – 신겐의 아들
- **가신**家臣
  - 바바 노부후사(馬場信房 · 마장신방)
  - 사나다 마사유키(真田昌幸 · 진전창행) – 사나다 삼대, 유키무라의 아버지
  - 사나다 유키무라(真田幸村 · 진전행촌) – 사나다 삼대, 일본 제일의 무사
  - 사나다 유키다카(真田幸隆 · 진전행륭) – 사나다 삼대, 유키무라의 할아버지
  - 야마가타 마사카게(山県昌景 · 산현창경)
  - 야마모토 간스케(山本勘助 · 산본감조)
  - 오부 도라마사(飯富虎昌 · 반부호창)
  - 오야마다 노부시게(小山田信茂 · 소산전신무)
  - 하라 도라타네(原虎胤 · 원호윤)
  - 호시나 마사토시(保科正俊 · 보과정준)

◈ 오우치(大内 · 대내) 가문의 무장

오우치大内

- **대명**大名 — 오우치 요시다카(大内義隆 · 대내의륭)
- **일족**一族 — 오우치 요시나가(大内義長 · 대내의장) – 요시다카의 아들
- **가신**家臣
  - 사가라 다케도우(相良武任 · 상량무임)
  - 스에 하루카타(陶晴賢 · 도청현)

◈ 아마코(尼子 · 니자) 가문의 무장

아마코尼子
- **대명**大名 — 아마코 츠네이사(尼子経久 · 니자경구)
- **일족**一族
  - 아마코 마사히사(尼子政久 · 니자정구) – 츠네이사의 아들
  - 아마코 요시히사(尼子義久 · 니자의구) – 하루히사의 아들
  - 아마코 쿠니히사(尼子国久 · 니자국구) – 츠네이사의 아들
  - 아마코 하루히사(尼子晴久 · 니자청구) – 츠네이사의 손자
- **가신**家臣
  - 야마나카 시가노스케(山中鹿之介 · 산중록지개)
  - 요시미 마사요리(吉見正頼 · 길견정뢰)
  - 요시미 히로요리(吉見広頼 · 길견광뢰) – 마사요리의 아들
  - 우야마 히사카네(宇山久兼 · 우산구겸)

⊕ 시마즈(島津 · 도진) 가문의 무장

시마즈島津
- **대명**大名 — 시마즈 다카히사(島津貴久 · 도진귀구) – 시마즈 가 제15대 당주
- **일족**一族
  - 시마즈 짓신사이(島津日新斎 · 도진일신재) – 다카히사의 아버지
  - 시마즈 요시히사(島津義久 · 도진의구) – 시마즈 가 제16대 당주, 다카히사의 적남
  - 시마즈 요시히로(島津義弘 · 도진의홍) – 시마즈 가 제17대 당주, 다카히사의 차남
- **가신**家臣
  - 니이로 타다모토(新納忠元 · 신납충원)
  - 다네가시마 도키다카(種子島時堯 · 종자도시오)
  - 야마다 아리노부(山田有信 · 산전유신)
  - 이쥬우인 타다아키(伊集院忠朗 · 이집원충랑)

❁ 사가라(相良 · 상량) 가문의 무장

- 사가라相良
  - 대명大名 — 사가라 하루히로(相良晴広 · 상량청광)
  - 일족一族 — 사가라 요시히(相良義陽 · 상량의양) – 하루히로의 아들
  - 가신家臣
    - 마루메 나가요시(丸目長恵 · 환목장혜)
    - 아가이케 나가토우(赤池長任 · 적지장임)
    - 인도 요리야스(犬童頼安 · 견동뢰안)
    - 오가모토 요리우지(岡本頼氏 · 강본뢰씨)
    - 후카미 나가토모(深水長智 · 심수장지)

❁ 우키타(宇喜多 · 우희다) 가문의 무장

- 우키타宇喜多
  - 대명大名 — 우키타 나오이에(宇喜多直家 · 우희다직가) – 희대의 모장, 우키타 가 시조
  - 일족一族
    - 우키타 타다이에(宇喜多忠家 · 우희다충가) – 우키타 나오이에의 동생
    - 우키타 히데이에(宇喜多秀家 · 우희다수가) – 우키타 나오이에의 아들
  - 가신家臣
    - 아카시 테루즈미(明石全登 · 명석전등)
    - 오사후네 사다치카(長船貞親 · 장선정친) – 우키타 삼로
    - 오카 도시가츠(岡利勝 · 강리승) – 우키타 삼로
    - 토가와 히데야스(戸川秀安 · 호천수안) – 우키타 삼로
    - 하나부사 모토히데(花房職秀 · 화방직수)

❋ 류조지(龍造 · 룡조) 가문의 무장

류조지龍造

- **대명**大名
  - 류조지 다카노부(龍造寺隆信 · 룡조사룡신) – 통칭 '비전의 웅'
- **일족**一族
  - 류조지 나가노부(龍造寺長信 · 룡조사장신) – 다카노부의 동생
  - 류조지 노부치카(龍造사寺信周 · 룡조사신주) – 다카노부의 동생
  - 류조지 마사이에(龍造寺政家 · 룡조사정가) – 다카노부의 아들
- **가신**家臣
  - 나리마츠 노부가츠(成松信勝 · 성송신승) – 류조지 가 사천왕(실제로는 5명)
  - 나리토미 시게야스(成富茂安 · 성부무안)
  - 나베시마 나오시게(鍋島直茂 · 과도직무)
  - 에리구치 노부츠네(江里口信常 · 강리구신상) – 류조지 가 사천왕
  - 엔죠지 노부타네(円城寺信胤 · 엔성사신윤) – 류조지 가 사천왕
  - 키노시타 마사나오(木下昌直 · 목하창직) – 류조지 가 사천왕
  - 햐쿠타케 토모카네(百武賢兼 · 백무현겸) – 류조지 가 사천왕

하타케야마(畠山 · 전산) 가문의 무장

하타케야마畠山
- 대명大名 — 하타케야마 요시츠구(畠山義続 · 전산의속)
- 일족一族
  - 하타케야마 요시노리(畠山義慶 · 전산의경) – 요시츠구의 아들
  - 하타케야마 요시츠나(畠山義綱 · 전산의강) – 요시츠구의 아들
- 가신家臣
  - 누쿠이 가게다카(温井景隆 · 온정경륭)
  - 유사 노부노리(遊佐信教 · 유좌신교)
  - 유사 츠구미츠(遊佐続光 · 유좌속광)
  - 쵸우 츠구츠라(長続連 · 장속련)

오토모(大友 · 대우) 가문의 무장

오토모大友
- 대명大名 — 오토모 소린(大友宗麟 · 대우종린) – 크리스찬 = 오토모 요시시게
- 일족一族
  - 시오 이치마루(鹽市丸 · 염시환) – 요시아키의 아들(측실)
  - 오토모 요시아키(大友義鑑 · 대우의감) – 소린의 아버지
- 가신家臣
  - 다치바나 도세츠(立花道雪 · 립화도설) – 뇌신雷神
  - 다카하시 소운(高橋紹運 · 고교소운)
  - 이치마다 아키자네(一萬田鑑実 · 일만전감실)
  - 우스키 아키하야(臼杵鑑速 · 구저감속) – 풍후삼로
  - 요시오카 나가마스(吉岡長増 · 길강장증) – 풍후삼로
  - 요시히로 아키타다(吉弘鑑理 · 길홍감리) – 풍후삼로

쵸소카베(長宗我部 · 장종아부) 가문의 무장

쵸소카베長宗我部

- **대명**大名
  - 쵸소카베 쿠니치카(長宗我部国親 · 장종아부국친)
- **일족**一族
  - 쵸소카베 모토치카(長宗我部元親 · 장종아부원친) – 쵸소카베 쿠니치카의 아들
  - 쵸소카베 노부치카(長宗我部信親 · 장종아부신친) – 쵸소카베 모토치카의 장남
- **가신**家臣
  - 요시다 다카요리(吉田孝頼 · 길전효뢰)
  - 요시다 마사시게(吉田政重 · 길전정중)
  - 히사타케 치카나오(久武親直 · 구무친직)
  - 히사타케 치카노부(久武親信 · 구무친신)
  - 후쿠도메 노리시게(福留儀重 · 복류의중)

전국시대戰國時代 인물열전(가나다순)

오다 노부나가織田信長 (직전신장, 1534~1582)

오다 노부히데의 적남으로 오와리에서 태어나, 오케하자마 전투에서 이마가와 요시모토의 대군을 격파하고 사이토 가의 영지였던 미노까지 흡수하여 세력을 키웠다. 이를 바탕으로 무로마치막부 제15대 쇼군 아시카가 요시아키를 옹립하여 상락에 성공했다. 허나 쇼군 요시아키가 다른 다이묘들을 소집해 오다 가를 공격하자(노부나가 포위망) 이를 막아내면서 무로마치막부를 폐하게 된다. 이후 아즈치 성을 축성하여 천하 통일의 기초를 마련하지만 교토의 혼노지(本能寺, 본능사)에서 아케치 미츠히데의 공격을 받고 자결한다.

가노 에이토쿠狩野永徳 (수야영덕, 1543~1590)

무로마치 후기, 아즈치모모야마시대安土桃山時代의 화가. 통칭은 겐자부로源四郎. 할아버지 모토노부의 기대를 한 몸에 받았는데, 할아버지의 사상과 아버지 나오노부의 화법을 물려받는다. 오다 노부나가와 도요토미 히데요시를 섬겼으며 아즈치, 오사카 성, 주라쿠다이 등에 장벽화를 그렸다. 호방하고 화려한 모모야마 장벽화 양식을 확립한다.

가모 우지사토蒲生氏郷 (포생씨향, 1556~1595)

가모 가타히데의 장남. 오다 노부나가, 도요토미 히데요시를 섬겼으며 고마키 · 나가쿠테 전투 등에서 공을 세워 마츠가시마의 성주가 된다. 혼노지의 변 때는 아케치 미츠히데의 권유를 뿌리치고 노부나가의 가족들을 히노 성으로 받아들여 아버지와 함께 농성을 한다. 1585년에 기독교에 입신, 1590년 오다와라 공격에 참가한다. 무츠陸奥로 봉지가 바뀌었으며 42만 석을 받는다.

기타바타케 노부가츠北畠信雄 (직전신웅, 1558~1630)

오다 노부나가의 차남으로 무장이자 다인이다. 어렸을 적 이름은 산스케로 기타바타케 도모후사北畠具房의 양자가 된다. 노부나가 사후 도쿠가와 이에야스와 손을 잡고 고마키 · 나가쿠테 전투를 일으켜 도요토미 히데요시와 싸운다.

구로다 간베 요시다카黒田官兵衛孝高 (흑전관병위, 1546~1604)

하리마의 약소 가문인 고데라 가의 가신이었으나 오다 노부나가가 천하를 평정할 인물이라고 판단하고 일찍부터 협력한다. 그 뒤 노부나가의 명을 받고 주고쿠 정벌에 나선 도요토미 히데요시의 군사가 되어 다케나카 한베와 함께 많은 공을 세우지만, 그의 야망을 눈치 챈 히데요시는 그를 경계하기 시작한다. 히데요시 사후에는 세키가하라 전투를 계기로 천하 패권을 잡기 위해 나서지만 결국 도쿠가와 이에야스에게 양보하고 군사를 돌린다.

구키 요시다카九鬼嘉隆 (구귀가륭, 1542~1600)

오다 노부나가의 수군을 조직하고 이끈 무장으로 구키 가 제8대 당주다. 노부나가 사후에는 도요토미 히데요시를 섬기며 규슈 정벌과 오다와라 정벌에 참전한다. 세키가하라 전투가 발발하자 가문 보존을 위해 자신은 서군, 아들 모리다카는 동군에 가담하지만 서군이 패하자 도쿠가와 이에야스에게 할복을 강요받고 자결한다.

니와 고로자에몬 나가히데丹羽五郎左衛門長秀 (단우장수, 1535~1585)

오와리의 가스가이군에서 태어났다. 시바 가의 가신이었으나 오다 노부나가를 섬기며 각지에서 무공을 세운다. 아즈치 성 공사를 맡을 만큼 군사적인 면뿐 아니라, 정치적으로도 뛰어난 수완을 발휘해서 노부나가는 그에게 와카사若狭 1국을 내린다. 노부나가 사후 도요토미 히데요시를 도운 공을 인정받아 123만 석의 다이묘가 된 것이며 후에 병사한다.

다카야마 우콘高山右近 (고산우근, 1552~1614)

소년 시절에 세례를 받았으며 리큐칠절利休七哲(센 리큐의 7명의 제자) 중 1명으로 다인이기도 하다. 오다 노부나가와 도요토미 히데요시를 섬겼으나 1587년의 서양인 선교사 추방령에도 신앙을 버리지 않았기에 다이묘의 지위를 잃고 마에다 도시이에의 보호를 받아 가나자와로 옮긴다. 1614년에 외국으로 추방되며 이듬해 마닐

라에서 병사한다.

마에다 도시이에前田利家 **(전전리가, 1538?~1599)**

오와리의 아라고에서 태어났으며 젊은 시절 이름은 이누치요犬千代다. 오다 노부나가의 가신으로 도요토미 히데요시와 친구 사이로 지내지만 노부나가가 죽자 시바타 가츠이에에게 가담하고, 훗날 히데요시의 가신이 된다. 그 뒤로 히데요리의 후견인이 되어 도쿠가와 이에야스를 견제하지만 히데요시 사후 8개월 뒤에 병사한다.

마츠나가 히사히데松永久秀 **(송영구수, 1511~1577)**

미요시 가의 가신이었으나 미요시 가를 찬탈하고 쇼군 아시카가 요시데루를 살해하며 도다이지(東大寺, 동대사) 대불전을 불태운 희대의 효웅이다. 후에 오다 노부나가를 섬겼으나 모반을 일으켜 패한 후, 다기 안에 폭약을 넣고 폭사한다.

멘주 이에테루毛受家照 **(모수승조, 1558~1583)**

통칭은 쇼스케. 시바타 가츠이에 시동들의 우두머리로 녹봉은 1만 석을 받았다. 시즈가타케 전투에서 패했을 때 스스로 가츠이에를 칭하며 형제들과 함께 가츠이에의 퇴각을 돕다 25세의 젊은 나이에 목숨을 잃는다. 도요토미 히데요시는 그의 충의에 감탄하여 기타노쇼 함락 후 멘주 형제의 목을 가족에게 돌려준다.

모리 나가요시森長可 **(삼장가, 1558~1584)**

오다 노부나가를 섬겼으며 나가시노 전투, 고슈 정벌 등에서 전공을 세워 1582년에 시나노의 4개 군과 20만 석을 받는다. 노부나가의 죽음 이후 벌어진 고마키 · 나가쿠테 전투에 장인인 이케다 츠네오키池田恒興와 함께 도요토미 히데요시 측에 가담했는데, 도쿠가와 이에야스의 본거지인 미카와를 공격하려다 전사한다.

모리 난마루森蘭丸 **(삼란환, 1565~1582)**

통명은 모리 나가사다森長定. 모리 요시나리의 셋째 아들로 시동 시절부터 오다 노부나가의 총애를 받는다. 가이의 다케다 가를 평정한 뒤 미노의 가네야마 성의 성주가 된다. 그 뒤 혼노지에서 노부나가와 함께 있다가 아케치 미츠히데의 습격을 받고 맞서 싸우다 전사한다.

모리 산자에몬 요시나리森三左衛門可成 **(삼가성, 1523~1570)**

미노의 다이묘인 도기 가의 가신이었으나 도기 가가 사이토 도산에 의해 멸망하자 오다 노부나가를 섬긴다. 노부나가 밑에서 상락의 선봉을 맡는 등 많은 공을 세우지만, 아사이 나가마사와 아사쿠라 요시가게 연합군과의 우사宇佐 산성 전투에서 선전하다 전사한다.

사이토 도시미츠斎藤利三 **(재등리삼, ?~1582)**

통칭은 구라노스케. 사이토 요시타츠斎藤義竜, 이나바 잇테츠稲葉一鉄, 오다 노부나가를 섬겼으며 1580년부터 아케치 미츠히데를 섬겨 1만 석을 받는다. 혼노지의 변 때 미츠히데와 같이 노부나가를 습격했고 이후 도요토미 히데요시와 싸운 야마자키 전투에서 패한 후 도주하다 오우미 가타타堅田에서 사로잡혀 1582년에 처형된다. 도쿠가와 이에미츠의 유모인 카스가노츠보네春日局는 그의 딸이다.

사쿠마 노부모리佐久間信盛 **(좌구간신성, 1527~1581)**

오다 가의 가신으로 각지의 전투에서 활약해 '노키사쿠마'라는 이명을 얻었다. 이시야마 · 혼간지 공격의 총대장을 맡았지만 혼간지의 퇴거 후, 태만함과 어설픈 결과처리에 질책을 받고 추방된다.

사쿠마 모리마사佐久間盛政 **(좌구간성정, 1553~1583)**

모리츠구의 적남으로 숙부 가츠이에를 섬겼다. '귀신 겐바'라는 이명으로 불리운 맹장으로 시즈가타케 전투에서 너무 앞서가다 시바타군의 패인을 만들었다. 전후 포로가 되어 참수된다.

삿사 나리마사佐々成政 **(좌성정, 1516~1588)**

오다 노부나가를 섬겨 여러 전투에 참가한다. 1575년에 잇코슈의 반란一向一揆 진압에서 공을 세워 도야마를 영유하게 된다. 1584년 고마키 · 나가쿠테 전투에서 도쿠가와 이에야스 측에 가담하고 이듬해 도요토미 히데요시의 공격을 받지만 목숨을 건진다. 1587년에 히고肥後의 국주가 되었으나 인민 통제에 실패한 책임으로 할복한다.

시바타 가츠토요柴田勝豊 (시전승풍, ?~1583)

시바타 가츠이에 누나의 아들이었으나 가츠이에가 양자로 들인다. 마루오카丸岡의 성주가 된다. 혼노지의 변 이후 있었던 기요스 회의 결과, 나가하마의 성주가 된다. 가츠이에와의 사이가 나쁘다는 것을 안 도요토미 히데요시가 공격하자 항복한다.

시바타 곤로쿠 가츠이에柴田権六勝家 (시전승가, 1522?~1583?)

'독 깨는 시바타'라는 이명을 가진 오다 가의 맹장이다. 하야시 사도와 함께 오다 노부유키를 옹립하려다 실패하지만 노부유키가 죽자 사면을 받는다. 혼노지의 변 이후 노부나가의 후계자 문제를 놓고 도요토미 히데요시와 대립하다(시즈가타케 전투) 패하여 자결한다.

아라키 무라시게荒木村重 (황목촌중, 1535~1586)

세츠의 이케다 가의 가신인 아라키 요시무라의 장남. 이케다 가를 섬기다 오다 노부나가에게 투항하여 가신이 된 뒤 각지에서 공을 세운다. 그 뒤 이타미 성에서 갑자기 노부나가에게 반기를 들지만 실패하고 모리 가로 도망친다. 노부나가가 죽고 도요토미 히데요시가 정권을 잡자 다인으로 복귀한다. 하지만 히데요시를 험담한 것이 발각되자 처형이 두려워 출가한 뒤 사가이에서 생을 마감한다.

아케치 미츠히데明智光秀 (명지광수, 1528~1582)

통칭 쥬베十兵衛라고 불리며, 오다 노부나가의 총애를 받아 다이묘의 반열에 오른다. 단바丹波의 가메야마亀山 성주가 된 뒤, 노부나가가 모리毛利를 공격할 것을 명하자 군사를 돌려 노부나가를 공격하여 패권을 잡지만, 야마자키山崎에서 히데요시에게 패하고 자결한다.

아케치 히데미츠明智秀満 (명지수만, 1536?~1582)

통칭은 사마노스케左馬介. 아케치 미츠히데의 사촌 동생이다. 혼노지의 변 이후 아즈치 성에서 곧 아케치의 거성인 사가모토 성으로 옮긴다. 하지만 사가모토 성이 포위되자 부하들을 대피하게 하고 자결한다.

야마지 마사쿠니山路正国 (산로정국, 1546~1583)

오우미 나가하마 성의 성주인 시바타 가츠토요의 가신. 시즈가타케 전투 때 도요토미 히데요시 측에 가담했으나 사쿠마 모리마사로부터 내응할 것을 권유받아 시바타 가츠이에 편에 선다. 그 후 모리마사 부대의 일원으로 히데요시군에 기습을 가해 한때 성공하는 듯했으나, 히데요시의 반격을 받아 패한다. 가토 기요마사의 손에 목숨을 잃는다.

오다 나가마스織田長益 (직전장익, 1547~1621)

오다 노부히데의 10남으로 별칭은 유라쿠사이. 다도에 심취했으며 리큐칠철 중 1명이다. 형 노부나가의 사후 도요토미 가를 섬겼지만 오사카 전투 직전 도쿠가와 이에야스 측과 내통해 오사카 성에서 빠져나온다.

오다 노부미츠織田信光 (직전신광, 1516~1555)

오다 노부사다의 아들로 무용이 뛰어났다. 이마가와 가와 싸운 아즈키자카 전투에서 후미를 맡았다. 조카 노부나가의 기요스 성 정벌전에서 활약해 나고야 성주가 되었으나 수개월 후 가신에게 살해당한다.

오다 노부유키織田信行 (직전신웅, 1536?~1557)

오다 노부나가의 동생으로 노부가츠信勝라고도 불린다. 노부나가가 괴팍하게 행동했던 것과는 대조적인 모습을 보여 가신들의 마음을 얻는다. 후에 노부나가에게 반기를 들지만, 실패하고 노부나가에게 암살당한다.

오다 노부카네織田信包 (직전신포, 1543~1614)

오다 노부히데의 4남으로 에치젠 공격과 이시야마 · 혼간지 공격에 참전했다. 혼노지의 변 이후 도요토미 히데요시를 섬기면서 그의 아들 히데요리의 훈육을 담당했다. 딸이 히데요시의 측실이 되어 총애를 받는다.

오다 노부타다織田信忠 (직전신충, 1557~1582)

오다 노부나가의 장남으로 오와리에서 태어났다. 1572년, 기타오우미에 처음으로 출진하여 아사이 나가마사浅井長政를 공격했으며, 1575년에는 나가시노長篠 전투에 종군했다. 같은 해에 노부나가의 뒤를 이어 오와리, 미노를 영유하고 기후 성의 성주가 되었다. 1582년에는 다케다 가츠요리武田勝頼 공격의 선봉에 섰고, 이후 주고쿠의 모리를 정벌하기 위해 교토에 머물다 아버지 노부나가와 함께 혼노지의 변을 겪고 자결한다.

오다 노부히데織田信秀 (직전신수, 1510~1551?)

전국시대 오와리 남서부 쇼바타 성의 성주인 오다 노부사다織田信定의 적자로 태어난다. 오다 노부나가의 부친으로 조정과 우호적인 관계를 유지해서 훗날 노부나가가 천하를 제패할 발판을 마련한다.

오다 노부히로織田信広 (직전신광, ?~1574)

오다 노부히데의 장남이자 노부나가의 서형이다. 아즈키자카 전투에서 선봉을 맡았다. 후에 모반을 계획하지만 노부나가에게 용서받고 회심하여 진심으로 섬기게 된다. 후일 이세 나가시마 공격 때 전사한다

오이치お市 (1547~1583)

오다 노부나가의 여동생. 아사이 나가마사의 아내가 되고 후에 시바타 가츠이에의 아내가 된다. 나가마사와 사이에 1남 3녀를 두었으나 나가마사가 노부나가에게 맞서자 세 딸과 함께 노부나가의 기요스 성으로 돌아오게 된다. 노부나가 사후 1582년에 시바타 가츠이에와 재혼, 이듬해 도요토미 히데요시의 공격을 받자 세 딸을 히데요시에게 맡기고 가츠이에와 함께 자결한다.

오쿠무라 나가요시奥村永福 (오촌영복, 1541~1624)

카나자와金沢의 무사. 마에다 도시이에, 도시나가利長, 도시츠네利常 삼대 번주를 섬긴다. 1584년 노토能登의 스에모리末森 성을 지키며 삿사 나리마사佐々成政군을 격퇴한다. 오와리 시절 이전부터 마에다 가의 가신이다.

우지이에 유키히로氏家行広 (씨가행광, 1546~1615)

오다 노부다카를 섬겼으나 후에 도요토미 히데요시를 섬겨 구와나桑名 성의 성주가 된다. 세키가하라 전투에서는 서군에 가담했다가 패하여 출가한다. 오사카 전투에서는 도쿠가와 이에야스가 10만 석을 주겠다며 불렀으나 이를 거절하고 오사카 성 함락 후에 도요토미 히데요리와 함께 할복한다.

이케다 가츠사부로 노부테루池田勝三郎信輝 **(지전신휘, 1536~1584)**

미노의 이케다군에서 태어났지만 부친 대부터 오다 노부히데를 섬겼으며, 어릴 적부터 노부나가의 측신으로 아라키 무라시게의 반란을 제압하는 등 무공을 세운다. 노부나가가 죽자 도요토미 히데요시와 손을 잡고 아케치군을 격파했으며, 고마키 · 나가쿠테 전투에서 미카와의 오카자키를 급습하려다 반격을 당해 전사한다.

츠츠이 준케이筒井順慶 **(통정순경, 1549~1584)**

어렸을 적 이름은 후지가츠藤勝. 오다 노부나가를 섬기며 마츠나가 히사히데를 멸망시킨다. 훗날 혼노지의 변 이후 야마자키 전투 전까지 애매한 태도를 취해 '기회주의자 준케이'라 불린다. 야마자키 전투 이후 히데요시 측에 가담하며 저택을 오사카 부두에 지어 '준케이 거리'라고 불리기도 한다.

간베 노부다카神戸信孝 **(직전신효, 1558~1583)**

오다 노부나가의 셋째 아들로 통칭은 산시치, 혹은 산시치로. 간베의 양자가 된다. 1582년에 시코쿠 정벌의 총대장이 되었으나 혼노지의 변으로 도요토미 히데요시 측에 합류하여 아케치 미츠치데를 친다. 기요스 회의 후 미노 기후 성주가 된다. 이후 히데요시와 대립, 시바타 가츠이에와 손을 잡으나 시즈가타케 전투에서 가츠이에가 패한 탓에 기후 성을 내주고 1583년에 자결한다.

다키가와 가즈마스滝川一益 **(롱천일익, 1525~1586)**

오다 노부나가의 가신으로 통칭 히코에몬彦右衛門으로 불렸지만 노부나가를 섬기기 전까지의 발자취는 불분명하다. 시바타 가츠이에, 니와 나가히데, 아케치 미츠히데와 더불어 '오다 사천왕'으로 불리며 노부나가가 죽기 전까지 대부분의 전투에서 활약한다. 노부나가가 죽자 시바타 가츠이에 쪽에 가담하지만 도요토미 히데요시에게 패배하고 영지를 몰수당한 뒤 출가한다.

구로다 나가마사黒田長政 **(흑전장정, 1568~1623)**

아명은 쇼주마루松寿丸. 구로다 간베의 적자로 어릴 적 오다 가의 인질이 되기도 했으나 규슈 정벌에서 큰 공을 세워 다이묘의 반열에 오른다. 세키가하라 전투에서 이에야스의 동군에 가담해 전공을 세워 후쿠오카 번의 초대 번주가 된다.

하세가와 소닌長谷川宗仁 (장곡천종인, 1539~1606)

통칭은 겐자부로源三郎. 전국시대의 무장이자 다인이다. 원래는 사가이의 상인, 혹은 교토의 서민이었다고도 한다. 오다 노부나가를 섬기고, 노부나가가 세상을 떠난 뒤에는 도요토미 히데요시, 도쿠가와 이에야스를 섬긴다. 다도는 다케노 죠오武野紹鴎 문하에서 배웠으며, 화공으로도 알려져 있다.

히라테 나가츠카사 마사히데平手中務政秀 (평수정수, 1492~1553)

오다 노부히데 대의 중신으로 외교 부문에서 활약했으며, 다도와 와카 등에도 조예가 깊은 인물이다. 노부나가의 후견인으로 2대에 걸쳐 오다 가를 섬겼으나 노부나가에게 간언한 뒤 자결한다. 노부나가는 그의 죽음을 안타까워하며 정수사를 세워 그를 기렸다.

히키타 쇼하쿠疋田小伯 (필전경겸, 1537?~1605?)

이름은 가게토모景兼이며, 호는 쇼하쿠. 가미이즈미 노부츠나上泉信綱(가미이즈미 이세노카미上泉伊勢守)의 직계 제자이자 신가게류新陰流의 병법가로 오다 노부타다와 도요토미 히데츠구, 구로다 나가마사 등에게 검술을 가르치기도 했다.

후지타 덴고藤田伝五 (등전전오, ?~1582)

시즈하라静原山 산성의 성주로 아케치 미츠히데의 아버지 때부터 섬겼으나 전반생은 불명확한 점이 많다. 미츠히데와 함께 교토 부근의 여러 전투에 참가한다. 훗날 미츠히데가 혼노지의 변을 결심할 때 아케치 히데미츠, 사이토 도시미츠 등과 함께 가장 먼저 결의를 표명한 중신 중 한 명이다. 그 후 쇼류지 성의 함락 소식을 듣고 자결한다.

호리 히데마사堀秀政 (굴수정, 1553~1590)

호리 히데시게堀秀重의 장남으로 통칭은 규타로久太郎. 오다 노부나가를 섬겼으며 나가하마 성의 성주가 된다. 후에는 도요토미 히데요시에게 속했으며 오우미 사와야마 성의 성주를 거쳐 에치젠 기타노쇼의 성주가 된다. 시즈가타케 전투 등 여러 전투에 참가했으며 1590년에 오다와라를 공격하던 진중에서 병사한다.

호리오 모스케 요시하루堀尾茂助吉晴 (굴미길청, 1544~1611)

오와리 니와군의 토호인 호리오 야스하루의 장남으로 태어났다. 주군인 이와구라 성의 오다 노부야스가 멸망하자 부친과 함께 낭인이 되어 산속에 은거했으나, 도요토미 히데요시에게 이나바 산성을 정벌하는 샛길을 안내하면서 가신이 된다. 히데요시 사후에는 도쿠가와 이에야스를 섬긴다.

호소카와 후지다카細川藤孝 (세천유재, 1534~1610)

무로마치막부의 중신으로 아케치 미츠히데와 의기투합하고 오다 노부나가의 힘을 빌려 아시카가 요시아키를 제15대 장군직에 옹립한다. 하지만 요시아키가 노부나가를 제거하려 하자 노부나가 쪽에 가담했으며, 혼노지의 변을 일으킨 미츠히데의 요청을 거절하고 다나베 성에 은거한다.

도요토미 히데요시豊臣秀吉 (풍신수길, 1537~1598)

어린 시절의 이름은 도키치로. 오와리의 나카무라고에서 하급 무사의 아들로 태어나, 처음에는 이마가와 가를 섬기다 도망친 뒤 오다 노부나가에게 출사하여 두각을 나타내기 시작한다. 아케치 미츠히데와 싸운 야마자키 전투에서 승리한 뒤 노부나가의 뒤를 이어 천하 통일을 진행한다. 이후 간바쿠関白에 오르며 간바쿠에서 물러난 뒤에는 다이코太閤에 오르면서 일본 전국을 지배한다.

가스야 다케노리糟屋武則 (조옥무칙, 1562~1607)

도요토미 가의 가신으로 하리마 출신이다. 시즈가타케 칠본창賤ヶ岳の七本槍(시즈가타케 전투에서 히데요시를 수호하던 7명의 장수)의 일원으로, 세키가하라 전투에서 서군에 속해 후시미 성 공격 등에 참가했다. 전후에 영지를 몰수당했으나 후에 막부의 관료로 등용된다.

가타기리 가츠모토片桐且元 (편동차원, 1556~1615)

도요토미 가의 가신이며 시즈가타케 칠본창의 일원이다. 히데요리의 모리야쿠가 되어 도요토미 가의 존속을 위해 뛰어다녔으나 도쿠가와 이에야스와의 내통 의혹 때문에 오사카 성을 퇴거하고 이후 도쿠가와 가에 속한다.

가토 요시아키加藤嘉明 (가등가명, 1563~1631)

도요토미 가의 가신이며 시즈가타케 칠본창의 일원이다. '침묵의 용장'으로도 불리우며 도요토미 수군의 주력으로서 각지의 전투에서 활약했다. 세키가하라 전투에서 동군에 속했으며 전후, 이요 마츠야마 20만석을 수여받는다.

가토 기요마사加藤清正 (가등청정, 1562~1611)

가토 토라노스케加藤虎ノ介라는 이름을 쓰기도 했으며 시즈가타케 칠본창의 일원이다. 도요토미 히데요시와는 친척 사이로 시동 신분으로 처음 그를 섬겼고 이후 나가시노 전투, 시즈가타케 전투, 규슈정벌 등에 참전했다. 히데요시 사후에는 이시다 미츠나리와 대립하여 세키가하라 전투 당시 동군에 가담한다. 이후 구마모토 번의 초대 번주가 되었고 병사한다.

기무라 하야토노스케木村隼人佑 (목촌준인우, ?~1595)

이름은 시게코레重茲. 도요토미 히데요시를 섬기며 시즈가타케 전투, 고마키 · 나가쿠테 전투, 오다와라 정벌 등에서 활약해 요도淀의 성주가 된다. 히데츠구의 후견인 역할을 맡았으나 히데츠구 실각 사건에 연좌되어 1595년에 야마자키 부근의 대문사大門寺에서 자결한다.

고토 마타베 모토츠구後藤又兵衛基次 (후등우병위, 1560~1615)

고토 모토구니의 아들로 구로다 간베를 섬겼다. 간베 사후 나가마사를 섬기며 세키가하라 전투에서 무공을 세운다. 나가마사와의 불화로 구로다 가에서 출분 조치당하고, 그 뒤 도요토미 히데요시의 후사를 이은 히데요리와 도쿠가와 이에야스 사이의 패권 다툼인 오사카 전투에서 히데요리 쪽에 가담해서 싸운다.

나카가와 기요히데中川清秀 (중천청수, 1542~1583)

아버지는 나카가와 시게기요中川重清. 아명은 도라노스케虎之助, 통칭은 세베瀬兵衛다. 처음에는 이케다 가츠마사池田勝正, 그 후에는 아라키 무라시게荒木村重에 속했으며 이바라키 성의 성주가 된다. 그러나 무라시게의 모반 때는 오다 노부나가의 편에 선다. 야마자키 전투 이후에는 도요토미 히데요시를 섬겨 공을 세운다. 1583년 시즈가타케 전투에서 전사한다.

도요토미 히데요리豊臣秀頼 **(풍신수뢰, 1593~1615)**

도요토미 히데요시의 차남. 세키가하라 전투 후에 셋카센 65만석을 가진 일개 다이묘로 전락한다. 오사카 전투에서 어머니 요도도노의 과잉보호 때문에 한 번도 출진하지 못한 채, 패배 후 자결한다.

도요토미 히데츠구豊臣秀次 **(풍신수차, 1568~1595)**

미요시 요시후사三好吉房의 아들로 어머니는 도요토미 히데요시의 누나다. 1585년부터 하시바 성을 썼으며 오미近江 가모군蒲生郡 하치만八幡의 43만석을 받는다. 1591년 히데요시의 장남 츠루마츠鶴松가 요절하자 양자가 되고, 간바쿠関白도 물려받는다. 히데요시의 차남인 히데요리가 태어난 이후, 히데요시와의 사이가 나빠져 1595년에 고야산高野山으로 추방되었다가 할복한다.

센고쿠 곤베仙石権兵衛 **(선석권병위, 1551~1614)**

도요토미 가의 가신으로 아와지 평정의 공로를 인정받아 아와지 슈모토 5만석을 영유한다. 큐슈 정벌의 선봉을 맡았을 때 헤츠기가와 전투에서 시마즈군에 대패하여 영지가 몰수되었지만 후에 복귀한다.

센 소에키千宗易 **(천종역, 1522~1591)**

법명인 센 리큐千利休로 더 널리 알려진, 일본의 다도를 정립한 상인 출신의 승려이자 다인이다. 처음에 노아미류의 기타무키 도친에게 다도를 배웠으나 곧 다케노 죠오에게 사사한다. 그 뒤 오다 노부나가와 도요토미 히데요시에게 다도를 가르쳤다. 특히 히데요시의 측근으로 다도뿐 아니라 정치와 외교에도 참여했으나, 결국 히데요시의 미움을 사서 할복을 명받아 자결한다.

와키자카 야스하루脇坂安治 **(협판안치, 1554~1626)**

와키자카 진나이脇坂甚内라는 이름도 썼으며 시즈가타케 칠본창의 일원이다. 아케치 미츠히데, 도요토미 히데요시를 섬겼다. 1585년에 아와지 스모토洲本의 성주가 되며 3만 석을 받는다. 세키가하라 전투에서 처음에는 서군에 가담했으나 도쿠가와 이에야스와 내통하여 동군으로 돌아선다.

이시다 미츠나리石田三成 (석전삼성, 1560~1600)

이시다 겐자에몬의 아들로 어릴 적 이름은 사기치佐吉. 도요토미 히데요시가 나가하마 성주가 된 무렵부터 시동이 되어 그를 섬긴다. 오다 노부나가가 죽고 히데요시가 패권을 잡자 측근으로 점차 두각을 나타낸다. 히데요시 사후, 도쿠가와 이에야스 세력을 견제하기 위해 맞서다 세키가하라 전투에서 패하고 참수당한다.

이코마 마사노부生駒正信 (생구정신, ?~1615)

통칭은 진스케甚助. 세키가하라 전투 때 할아버지 지카마사親正와 함께 서군에 가담한다. 형으로부터 히가시 사누키東讃岐를 물려받아 일문의 필두가 되어 높은 녹을 받는다. 도요토미 히데요리를 섬긴다.

오쿠다이라 사다마사奧平貞昌 (오평신창, 1555~1615)

오쿠다이라 노부마사奧平信昌. 처음에는 이마가와 가를 섬겼으나 오케하자마 전투 이후 다케다 가에 가담한다. 그 뒤 도쿠가와 이에야스의 딸을 정실로 맞아들이며 이에야스의 가신이 된다. 이에 격분한 가츠요리가 대군을 이끌고 나가시노 성을 공격하자, 오백의 병력으로 성을 지켜 전투를 대승으로 이끄는 계기를 마련한다.

차차茶々 (1567~1615)

아사이 나가마사와 오이치의 사이에서 태어난 아사이 3자매 중 장녀. 아사이 가 멸망 후 시바타 가츠이에와 재혼한 어머니를 따라 기타노쇼로 들어간다. 시바타 가 멸망 이후에는 도요토미 히데요시가 맡아 길렀는데, 후에 그의 측실이 된다. 아들 히데요리秀頼를 낳아 권력을 휘둘렀으나, 오사카 전투에서 패하고 히데요리와 함께 자결한다.

하시바 고이치로 히데나가羽柴小一郎秀長 (우시수장, 1540~1591)

도요토미 히데요시의 이복동생. 어릴 적 이름은 고치쿠이며, 히데요시가 도요토미 성姓을 받은 후 도요토미 히데나가豊臣秀長라는 이름도 썼다. 히데요시의 깊은 신뢰를 받아 시고쿠 정벌에서 히데요시를 대신해 총대장을 맡는다. 훗날 도요토미 정권에서 정무와 군사, 양쪽 면에서 크게 활약하다 병사한다.

하시바 히데가츠羽柴秀勝 **(우시수승, 1568~1586)**

아명은 오츠기於次. 원래는 오다 노부나가의 넷째 아들이나 도요토미(하시바) 히데요시의 양자가 된다. 야마자키 전투에서 히데요시와 함께 아케치 미츠히데를 격파한다. 노부나가의 장례식 때 상주 역할을 맡는다. 미츠히데의 영토였던 가메야마 성의 성주가 된다. 시즈가타케 전투, 고마키 · 나가쿠테 전투에 참가한다. 18세의 젊은 나이에 병사한다.

하치스카 마사가츠蜂須賀正勝 **(봉수하소륙, 1526~1586)**

오와리의 하치스카고에서 태어나, 도요토미 히데요시가 유랑 시절 한때 주인으로 섬겼으나 훗날 히데요시의 가신이 된다. 고로쿠小六라는 이름으로 널리 알려졌으나 히코에몬 마사가츠로 개명한다.

후쿠시마 마사노리福島正則 **(복도정칙, 1561~1624)**

도요토미 가의 가신으로 시즈가타케 칠본창의 필두다. 세키가하라 전투에서 동군의 주력으로 분전했으며 그 댓가로 아키의 히로시마 49만석을 얻는다. 그러나 후일 거성 히로시마 성을 무단 증축한 죄로 영지를 몰수당한다.

히라노 나가야스平野長泰 **(평야장태, 1559~1628)**

도요토미 가의 가신으로 시즈가타케 칠본창의 일원이다. 세키가하라 전투에서 동군에 속했다. 오사카 전투 직전에 오사카 성에 합류하려고 했으나, 도쿠가와 이에야스가 에도 성 방어를 빌미로 그의 합류를 막는다.

히토츠야나기 나오스에一柳直末 **(일류직말, 1553~1590)**

통칭은 이치스케市助. 1570년부터 도요토미 히데요시를 섬기고, 시즈가타케 전투, 고마키 · 나가쿠테 전투, 사이가 · 시코쿠 정벌에 참가한다. 1578년에 미노 가루미輕海 성의 성주로 5만 석을 받는다. 1587년의 오다와라小田原 공격 때 이즈 야마나카山中 성을 공격하다 탄알에 맞아 전사한다. 그의 죽음을 들은 히데요시는 연일 탄식했다고 한다.

도쿠가와 이에야스德川家康 **(덕천가강, 1543~1616)**
미카와에서 태어나 어릴 적부터 강대국인 이마가와 가의 볼모가 되어 인고의 세월을 보낸다. 젊은 시절에는 마츠다이라 모토야스松平元康라고 불렸으며, 오다 노부나가가 죽자 도요토미 히데요시와 패권을 둘러싸고 치열한 다툼을 벌이지만, 승부를 내지 못하고(고마키 · 나가쿠테 전투) 동맹을 맺은 뒤 히데요시를 돕는다. 히데요시 사후, 세키가하라 전투(1600년)에서 승리하여 패권을 잡은 뒤 에도막부를 세우고(1603년) 오사카 전투(1614년~1615년)로 도요토미 가문을 멸망시키며 전국 통일을 완성한다.

도리이 다다히로鳥居忠広 **(조거충광, ?~1573)**
도쿠가와 가의 가신으로 처음에는 미카와 정토진종 봉기에 참전해서 도쿠가와 이에야스와 대립하지만, 그 뒤 이에야스를 섬긴다. 미가타가하라 전투에서 도쿠가와군이 다케다군에게 대패를 당했을 때 퇴로를 확보하기 위해 분전하다 전사한다.

도리이 모토타다鳥居元忠 **(조거원충, 1539~1600)**
도쿠가와 가의 가신으로 세키가하라 전투에서 주군 도쿠가와 이에야스의 명으로 후시미 성을 지켰으나, 13일간의 농성 끝에 병사들과 함께 전사한다. 이후 그의 충절은 미카와 무사의 귀감이라 칭송받았다.

도쿠가와 노부야스德川信康 **(덕천신강, 1559~1579)**
도쿠가와 이에야스의 장남. 오다 노부나가의 딸 고토쿠과 혼인한다. 용맹하고 영리하여 장래가 촉망되는 인물이었으나, 노부나가로부터 다케다 가와 내통했다는 의심을 받는다. 후에 부친의 명령에 의해 자결한다.

도쿠가와 히데타다德川秀忠 **(덕천수충, 1579~1632)**
도쿠가와 이에야스의 3남. 세키가하라 전투 당시 나카센도를 통한 진군이 사나다 마사유키에게 막히면서 아버지의 분노를 샀다. 하지만 평범하면서도 성실한 인품으로 에도막부 제2대 쇼군이 된다.

사가이 타다츠구酒井忠次 **(주정충차, 1527~1596)**

도쿠가와 사대천왕 중 한 사람으로 마츠다이라 히로타다와 그의 아들인 도쿠가와 이에야스를 섬긴다. 아내인 우스이碓井는 이에야스의 숙모다. 1564년에 요시다의 성주가 되어 아네가와姉川, 나가시노長篠, 고마키 · 나가쿠테 등의 전투에서 활약한다. 정치 수완도 뛰어나서 이시카와 가즈마사와 함께 이에야스를 보좌한다.

사카키바라 야스마사榊原康政 **(신원강정, 1548~1606)**

도쿠가와 이에야스 직속의 유력한 부장이다. 원래는 이에야스를 배신한 사가이 타다나오의 시동이었다고 한다. 1560년에 오카자키로 돌아온 이에야스에 속해 근신이 된다. 이후 신임을 얻어 하타모토旗本 군단을 지휘하는 부장이 된다. 세키가하라 전투 후에는 논공행상에 따라 정치적 중추가 된다.

오오가 야시로大賀弥四郎 **(대하미사랑, ?~1574?)**

처음에는 도쿠가와 가의 일꾼이었으나 산술에 능해 대관으로 발탁되어 권력을 누린다. 하지만 이에야스 가를 전복시키려는 음모를 꾸미다 사전에 발각되어 처자식과 함께 처형된다.

오쿠다이라 사다요시奥平貞能 **(오평정능, 1537~1598)**

이마가와 가의 가신이었으나 오케하자마 전투 후, 도쿠가와 가를 섬긴다. 카게가와 성 정벌과 아네가와 전투에 종군했다. 한때 다케다 가문에 속했지만, 신겐 사후 도쿠가와 가에 귀순하여 나가시노 전투에서 활약한다.

오쿠보 타다스케大久保忠佐 **(대구보충좌, 1537~1613)**

도쿠가와 가의 가신으로 형 타다요와 함께 각지에서 전공을 세웠다. 그의 용맹함은 오다 노부나가도 크게 칭찬할 정도였다. 세키가하라 전투 후에 스루가 누마즈 2만 석을 받는다.

오쿠보 타다요大久保忠世 **(대구보충세, 1532~1594)**

도쿠가와 가의 가신으로 미카타가하라 전투, 나가시노 전투 등 다수의 전투에 종군해 대담한 성격으로 발군의 공을 세워 오다 노부나가와 도요토미 히데요시에게도 기량을 높게 평가받는다.

이시카와 가즈마사石川数正 (석천수정, ?~1592)

도쿠가와 이에야스의 신하로 후카시深志의 성주. 아버지 야스마사康正는 이에야스 어린 시절의 중신이다. 가즈마사는 이마가와 가에 인질로 잡혔던 이에야스를 보살핀 가신들 중 필두 격으로 늘 이에야스 가까이에 머물며 오다 노부나가와의 동맹에 중요한 역할을 수행한다. 이후 이에야스의 장남 노부야스의 가로가 되었으나, 노부야스 자살 후에는 오카자키 성주 대리가 된다. 1585년 갑자기 오카자키 성을 탈출하여 도요토미 히데요시의 가신이 된다.

이이 나오마사井伊直政 (정이직정, 1561~1602)

1575년 도쿠가와 이에야스의 시동이 되었으며 이마가와 우지자네에게 살해당한 아버지의 옛 영토를 받는다. 혼노지의 변 이후 이에야스는 다케다의 유신 120명을 나오마사에게 주고 야마가타 마사카게의 아카조나에赤備え를 계승케 했다. 1590년에 미노와箕輪의 성주가 된다. 세키가하라 전투의 군공에 따라 사와야마佐和山 성주가 되어 녹봉 18만 석을 받는다.

혼다 타다가츠本多忠勝 (본다충승, 1548~1610)

도쿠가와 이에야스를 섬긴다. 50여 차례에 걸친 전투에서 단 한 번도 부상을 입지 않은 역전의 용사로 도쿠가와 사대천왕 중 한 명이다. 1590년에 오타키大多喜의 성주가 되어 10만 석을 받는다. 1601년에 구와나로 이봉移封되어 오타키를 장남인 타다토키忠朝에게 물려준다.

히라이와 치카요시平岩親吉 (평암친길, 1542~1611)

도쿠가와 가의 가신. 온후하고 독실한 성격으로 도쿠가와 이에야스의 절대적인 신뢰를 받아, 그의 장남 노부야스의 교육을 맡았다. 노부야스 사후에는 이에야스의 9남 요시나오의 교육을 맡았다.

다케다 신겐武田信玄 **(무전신현, 1521~1573)**
가이의 다케다 가의 제19대 당주로 가이 지역을 통일한 부친의 뒤를 이어 다케다 가의 전성기를 구축한다. 일생의 라이벌인 에치고의 우에스기 겐신과 다섯 차례에 걸친 가와나카지마 전투로 시나노를 평정한다. '풍림화산'이라는 군기를 사용하며 '가이의 호랑이'로 불렸으나 후일 미가타가하라 전투에서 도쿠가와군에게 대승을 거둔 뒤, 지병으로 죽는다.

고사카 마사노부高坂昌信 **(고판창신, 1527~1578)**
다케다 사명신 중 한 명으로 주군 다케다 신겐의 시종에서 시작해 사무라이 대장까지 오른다. 무략과 용병술이 가문에서 가장 뛰어나 니게단죠로 불렸다. 고요군칸甲陽軍鑑의 원저자이기도 하다.

다케다 노부토라武田信虎 **(무전신호, 1494~1574)**
가이 수호로 가이는 평정했으나 영민들에 대한 가혹한 정책을 펼쳐 이에 반발한 적남 다케다 신겐에 의해 스루가로 추방당한다. 이후 각지를 방랑했으나 가이로 다시 돌아가지는 못했다.

다케다 노부시게武田信繁 **(무전신번, 1525~1561)**
다케다 노부토라의 차남으로 문무를 겸하고 인망도 높아 형 신겐의 부장으로써 활약했다. 가와나카지마 전투에서 본진을 지키며 분전하나 전사했다. 이후 진정한 무장의 귀감으로 높게 평가 받는다.

다케다 가츠요리武田勝頼 **(무전승뢰, 1546~1582)**
가이의 제20대 당주로 다케다 신겐의 아들이다. 신겐의 대를 이어 무명을 떨치지만 강직하고 저돌적인 성격 때문에 가신들의 근심을 사기도 했다. 결국 나가시노 전투에서 누대의 용맹한 중신들과 기마 부대를 잃는 바람에 가문의 결속력이 크게 흔들리게 된다. 39세의 나이에 할복으로 짧았던 삶을 끝마친다.

바바 노부후사馬場信房 (마장신방, 1515~1575)

다케다 가의 가신으로 다케다 사천왕 중 한 명. 다케다 노부도라 대부터 다케다 가를 섬겼으며 다케다 신겐 사후 나가시노 전투에서 대패를 당한 가츠요리의 퇴로를 확보하기 위해 후위를 맡아 분전하다 전사한다.

사나다 마사유키真田昌幸 (진전창행, 1547?~1611?)

다케다 가의 가신으로 다케다 가츠요리武田勝頼로부터 고우즈케국의 누마다沼田 성 일원을 받는다. 1582년, 도쿠가와 이에야스에 속해 우에다를 안정시켰으나 1585년, 이에야스가 누마다를 호조 가에 넘겨주려 하자 이에야스와 대립하여 도요토미 히데요시에 가담한다. 세키가하라 전투 때는 차남 유키무라와 서군에 가담하여 우에다 성에서 도쿠가와 히데타다徳川秀忠의 서진을 저지한다. 전후 고야 산으로 추방된다.

사나다 유키다카真田幸隆 (진전행륭, 1513~1574)

다케다 가의 가신으로 주군인 다케다 신겐이 정벌하지 못한 시나노 도이시 성을 모략으로 함락시켜 지략은 신겐보다 뛰어나다고 칭송받는다.

사나다 유키무라真田幸村 (진전행촌, 1567~1615)

사나다 마사유키의 차남으로 본명은 노부시게信繁. 세키가하라 전투에서 서군에 속해 아버지와 함께 도쿠가와 히데타다의 서진을 저지한다. 서군 패배 후, 동군에 가담한 형 노부유키의 알선으로 사죄를 면하고 고야 산에 칩거한다. 오사카의 진 때 다시 도요토미 가에 가담하여 오사카 성에 입성한다.

야마가타 마사카게山県昌景 (산현창경, 1529~1575)

다케다 가의 가신으로 다케다 사천왕 중 한 명이다. 그가 이끈 아카조나에赤備え는 군장을 모두 붉은색으로 칠했는데, 멀리서 적들이 붉은색만 봐도 두려움에 떨 만큼 최강의 정예 부대였다. 다케다 가츠요리를 보좌하며 나가시노 전투에서 오다 노부나가와 도쿠가와 이에야스 연합군과 싸우다 전사한다.

야마모토 간스케山本勘助 (산본감조, 1493~1561)

다케다 가의 가신으로 문무 전반에 통달해 주군인 다케다 신겐의 군사가 된다. 제4

차 가와나카지마 전투에서 딱따구리 전법을 우에스기 겐신에게 간파당한 책임을 지고 혼전 속으로 돌격해 전사한다.

오부 도라마사飯富虎昌 (반부호창, 1504~1565)

다케다 가의 가신으로 군장을 붉게 통일한 부대를 이끌고 활약해 '가부토야마의 맹호'란 이명을 얻었다. 다케다 신겐의 장남인 요시노부의 후견역을 맡지만 요시노부의 모반 미수 사건의 책임을 지고 자결한다.

오야마다 노부시게小山田信茂 (소산전신무, 1539~1582)

다케다 가의 가신으로 투석 부대를 이끌고 각지의 전투에서 활약한다. 오다 노부나가의 가이 침공군에 항복하지만 주군인 가츠요리의 사후 배신자로 처형된다.

가이센快川 화상 (쾌천소희, 1502~1582)

가이센 죠우키快川紹喜. 미노에서 태어나 열두 살 때 출가해 미노의 숭복사 주지가 된다. 그 뒤 다케다 신겐의 초대를 받고 혜림사로 온다. 그 후 외교승으로 활약하며 신겐과 깊은 교류와 경륜을 나눈다. 혜림사에 숨어 있는 반노부나가 세력을 인도하라는 오다 노부나가 쪽 요청을 거절하고 승려들과 함께 불에 타 죽는다.

하라 도라타네原虎胤 (원호윤, 1497~1564)

다케다 가의 가신으로 고요 오명신甲陽 五名臣 중 1명이다. 평생 38번의 전투에 참가했고 공성전에 뛰어나 야사미노라는 이명을 얻는다.

하지가노 덴에몬初鹿野伝右衛門 (초록야전우위문, ?~1624)

원래 성은 가토加藤, 이름은 마사히사昌久라고도 한다. 다케다 신겐, 가츠요리 부자를 섬긴다. 1561년에 신겐의 명으로 하지가노라는 성을 쓰게 된다. 아시가루 대장, 사무라이 대장을 지낸다. 1582년 다케다 가 멸망 뒤에는 도쿠가와 이에야스를 섬긴다.

호시나 마사토시保科正俊 (보과정준, 1509~1593)

다케다 가의 가신으로 다가토 성 성주였다. 시나노 방면군단 소속으로 각지의 전투에 종군해 활약했다. '창단죠'라는 별명이 있었으며 고요군칸甲陽軍鑑에 전국 삼단죠 중 한 명으로 기록되어 있다.

우에스기 겐신上杉謙信 (상삼겸신, 1530~1578)
에치고의 다이묘로 형을 대신해 당주에 오른 뒤, 내란에 빠져 있던 에치고를 통일한다. '에치고의 용', '군신軍神'으로 불리며 다케다 신겐을 비롯한 호조 우지야스, 오다 노부나가 등과 각축을 벌였으며, 아시카가 가의 요청을 받고 서진하여 세력을 확대해 나가다 뜻을 이루지 못하고 병사한다.

가키자키 가게이에柿崎景家 (시기경가, 1513~1575)
우에스기 가의 가신으로 우에스기 겐신으로부터 "에치고 7군에서 그를 당해낼 자가 없다."라고 평가받은 가중 제일의 맹장이다. 우에스기 가의 주력으로 활약했지만 오다 노부나가와 내통했다는 의혹을 받고 살해당한다.

기타죠 다카히로北条高広 (북조고광, 1517~1587)
우에스기 가의 가신으로 우마야바시 성주로 간토 경영을 담당한다. 다케다 신겐과 호조 우지야스 등의 사주를 받아 몇 차례 모반을 일으켰지만 그때마다 사면을 받고 복귀한다.

나가오 다메가게長尾為景 (장미위경, 1471~?)
에치고 슈고다이로 에치고 슈고와 간토 칸레이를 공격해 국정을 장악했지만 후에 에치고 슈고 우에스기 사다자네와 대립하여 우에스기 측 고쿠진의 반란을 불렀다. 출진 횟수가 100회가 넘었다는 맹장이다.

나오에 가게츠나直江景綱 (직강경강, 1509~1578)
우에스기 가의 가신으로 요이타 성주였다. 우에스기 겐신의 두터운 신뢰를 받으며 측근으로 내정과 외교에서 뛰어난 수완을 발휘한다. 후에 겐신의 옛 이름인 가게토라에서 '가게景'를 하사받아 사네츠나実綱에서 가게츠나景綱로 개명한다.

나오에 가네츠구直江兼続 (직강겸속, 1560~1619)
22세 때 우에스기 가의 중신이자 요이타의 성주인 나오에의 후계자가 된다. 우에스기 가게카츠의 집정으로 활약하며 군사 면에서도 뛰어난 수완을 보인다. 정치, 군사

양면에서 지장으로 알려지고 학문을 좋아한 무장으로도 유명하다. 요네자와에 학문소學問所인 선림사禅林寺를 창건한다.

마에다 게이지로前田慶次郎 **(전전경차랑, ?~?)**

여러 설이 있으나 1541년 다키가와 카즈마스의 아들로 태어나 마에다 가로 들어간 것으로 알려져 있다. 이후 마에다 가를 떠나 낭인으로 전전하다 나오에 가네츠구의 권유로 우에스기 가문에 사관하였고 세키가하라 전투에서 패한 우에스기 가문이 전봉될 때도 같이 전봉하면서 의리를 지킨다.

사이토 도모노부斎藤朝信 **(재등조신, 1527~1591)**

우에스기 가의 가신으로 가와나카지마 전투와 가라사와 산성 공격 등 다양한 전투에서 활약하여 '에치고의 쇼키'라는 별명을 얻었다. 오다테의 난御館の乱 때 우에스기 가게카츠 측에 속했다. 사리사욕이 없었으며 행정에서도 뛰어난 수완을 발휘한다.

시바타 시게이에新発田重家 **(신발전중가, 1546~1587)**

우에스기 가의 가신으로 츠나사다의 아들이다. 오다테의 난에서는 우에스기 가게카츠 측에 속해 활약한다. 하지만 포상에 불만을 품고 오다 노부나가와 내통해 시바타 성에서 모반을 일으키나 패하고 할복한다.

아마카스 카게모치甘粕景持 **(감박경지, 1535~1604)**

우에스기 가의 가신으로 제4차 가와나카지마 전투에서 후군을 맡아 사이죠산을 기습한 다케다군 별동대와 싸운다. 우에스기 겐신 사후에는 가게카츠를 섬겨 수많은 전공을 세운다.

우사미 사다미츠宇佐美定満 **(우좌미정만, 1489~1564)**

우에스기 가의 가신으로 에치고류 군학의 시조로 여겨진다. 죠죠 사다노리의 난에서는 사다노리 측에 속했지만 그의 사후 복귀한다. 이후 나가오 마사카게와 뱃놀이를 하다가 익사한다.

우에스기 가게카츠上杉景勝 **(상삼경승, 1556~1623)**

숙부 우에스기 겐신의 양자가 되어 역시 양자였던 우에스기 가게토라上杉景虎와의 후계자 경쟁(오다테의 난)에서 승리한다. 도요토미 히데요시를 따랐으며 1598년에 에치고에서 아이즈会津로 옮겨 120만 석의 영주가 되고 이후 5대로에 임명된다. 세키가하라 전투에서는 이시다 미츠나리와 호응하여 도쿠가와 이에야스에 맞선다.

혼조 시게나가本庄繁長 (본장번장, 1539~1613)
우에스기 가의 가신으로 무라카미 성주였다. 숙부 오가와 나가스케를 죽이고 거성을 빼앗아 가독을 계승했다. 다케다 신겐과 손을 잡고 모반을 일으키나, 죄를 용서받아 복귀한다. 이후에 각지의 전투에서 활약한다.

호조 우지야스北条氏康 (북조씨강, 1515~1571)
고 호조 가 제3대 당주로 우지츠나의 적남이다. 다케다 신겐과 우에스기 겐신 등의 강호들과 경쟁하면서 간토에 일대 왕국을 세웠다. 지용겸비의 명장이면서 전국시대 제일의 민정가로도 유명하다.

다이도지 마사시게大道寺政繁 (대도사정번, 1533~1590)
호조 가의 가신으로 모리마사의 아들이다. 행정 수완을 발휘해 가와고에川越 성의 번영에 공헌한다. 도요토미 히데요시의 오다와라 정벌군에 항복해 길 안내역을 맡지만, 후에 히데요시에 의해 자결한다.

호조 겐안北条幻庵 (북조환암, 1493~1589)
호조 가의 가신으로 소운의 삼남. 본명은 나가츠나長綱로 호조 일문으로서 호조 가 5대를 섬겼으며, 하코네곤겐의 신관을 역임했다.

호조 소운北条早雲 (북조조운, ?~1519)
이마가와 가의 가신으로 오다와라 성을 탈취하고 여러 적세력을 멸망시키며 이즈와 사가미를 정복한다. 전란의 효웅으로 유명하며 고 호조 가의 기틀을 닦았다.

호조 우지나오北条氏直 (북조씨직, 1562~1591)
고 호조 가 제5대 당주로 우지마사의 적남이다. 도요토미 히데요시의 상락 명령에

응하지 않은 대가로 오다와라 정벌군의 공격을 받았다. 농성 3개월 후 항복해 코야산 근방에 은둔했으며 그곳에서 병사한다.

호조 우지마사北条氏政 (북조씨정, 1538~1590)

고 호조 가 제4대 당주로 우지야스의 적남이다. 우수한 동생들과 가신단에 힘입어 호조 가의 지위를 부동의 것으로 만든다. 도요토미 히데요시의 오다와라 정벌군에 항전하지만 패배하고, 이후 자결한다.

호조 우지츠나北条氏綱 (북조씨강, 1487~1541)

고 호조 가 제2대 당주로 호조北条 성을 처음으로 사용한다. 제1차 코노다이 전투에서 승리하면서 착실히 간토에 호조 가의 지반을 쌓는다.

호조 츠나시게北条綱成 (북조강성, 1515~1587)

호조 가의 가신으로 후쿠시마 마사나리의 아들이다. 부친의 사후 호조 우지츠나의 딸을 아내로 맞이하여 호조 일족이 된다. 가와고에 전투를 비롯한 여러 전투에서 활약했으며, 그가 사용한 하타지루시인 지오하치만地黄八幡은 적군의 두려움의 대상이었다.

후마 고타로風魔小太郎 (풍마소태랑, 1532~1613)

소슈 낫바의 두령. 정보 수집이나 적지 교란을 특기로 하여 호조 가의 치정에 힘썼다. 신장은 7척 2촌(약 217cm)으로 눈은 매섭게 찢어져 있으며, 이가 4개 튀어나와 있었다고 한다.

모리 모토나리毛利元就 (모리원취, 1497~1571)

주고쿠의 소국인 아키의 일개 호족에서 주고쿠 전역을 평정한 전국시대 최고의 지장이자 뛰어난 책략가. '백만일심'과 '세 개의 화살' 등의 일화로 유명하다. 중앙에서 두각을 나타내기 시작한 오다 노부나가의 실력을 인정해 임종 시에 자식과 가신에게 "천하를 다투지 말라."며 야심을 경계하고 오로지 내실을 다지고 일국을 보존하는 데 힘쓰라는 유언을 남긴다.

고바야카와 다카가게小早川隆景 **(소조천륭경, 1533~1597)**

모리 모토나리의 셋째 아들. 형 모토하루와 더불어 모리의 '이숙二叔' 또는 주고쿠 '모리 료센毛利両川'으로 불리며 모리 수군을 지휘한다. 오다 노부나가를 이길 수 없음을 깨닫고 에케이를 통해 비밀리에 도요토미 히데요시와 화친을 성사시킨다. 지략과 재덕을 겸비해 훗날 히데요시 정권 아래에서 두터운 신임을 받는다. 히데요시의 양자인 히데아키를 양자로 맞아 자신의 후사를 잇게 한다.

구치바 미치요시口羽通良 **(구우통량, 1513~1582)**

모리 가의 가신으로 시지 히로요시의 차남. 깃카와 모토하루를 보좌하여 산요지방을 경략한다. 모리 모토나리의 사후 사인방 중 1명이 되어 당주인 데루모토를 보좌하며 국정에 참여한다.

깃카와 모토하루吉川元春 **(길천원춘, 1530~1586)**

모리 모토나리의 차남. 동생 다카가게와 더불어 모리의 '이숙二叔' 또는 주고쿠의 '모리 료센毛利両川'로 불리며 산인 지방의 사령관으로 활약한다. 도요토미 히데요시를 섬기는 것을 꺼려 은거하지만, 히데요시의 강력한 요청으로 규슈 평정에 참가한다. 후에 고구라 성에서 병사한다.

깃카와 츠네이에吉川経家 **(길천경가, 1547~1581)**

모리 가의 가신으로 야마나 도요쿠니를 추방한 돗토리 성에서 도요토미(하시바) 히데요시와 싸우게 된다. 그러나 히데요시의 병량고갈 전술에 패하고, 병사의 구명을 조건으로 자결한다.

모리 데루모토毛利輝元 **(모리휘원, 1553~1625)**

아버지 모리 다카모토毛利隆元의 급사로 집안의 가장이 된다. 오다 노부나가와 대립하지만 빗추 다카마츠 성에서 도요토미(하시바) 히데요시와 강화를 맺으며, 혼노지의 변 후에는 히데요시를 따른다. 5대로의 중직에 올랐으나 세키가하라 전투 후 감봉된다. 일족과 가신의 화합에 힘써 모리 가 존속의 기반을 다진다.

시미즈 무네하루清水長左衛門宗治 **(청수종치, 1537~1582)**

처음에는 다카마츠 성의 성주인 이시카와 히사다카의 가신이었으나 내분을 틈타 성주가 되고 고바야카와 다카가게에 속해 모리 가의 빗추 평정을 돕는다. 이후 도요토미 히데요시의 수공에 끝까지 항전하나, 혼노지의 변으로 오다 노부나가가 죽자 전세가 급격히 기운다. 결국 성 안의 수하들을 구하기 위해 형 겟쇼 뉴도와 자결한다.

에케이惠瓊 **(혜경, 1539?~1600)**

아키노구니安藝國 누마다에서 태어난 임제종 승려. 한동안 이마가와 가에 머물렀으나 이마가와 요시모토가 죽은 뒤 모리 가에서 외교를 맡는다. 후에 도요토미 히데요시와 외교 교섭에서 활약한다. 그 뒤 세키가하라 전투에서 서군에 가담했으나, 도쿠가와 이에야스 쪽에 잡혀 교토에서 참수당한다.

요시미 마사요리吉見正頼 **(길견정뢰, 1513~1588)**

오우치 가의 가신으로 주군인 오우치 요시다카의 누이를 아내로 맞는다. 요시다카의 적 스에 하루카타 타도를 위해 거병해 모리 모토나리와 손을 잡고 하루카타와 싸운다. 하루카타가 · 이츠쿠시마 전투에서 전사한 후에는 모리 가를 섬긴다.

후쿠하라 사다토시福原貞俊 **(복원정준, 1512~1593)**

모리 가의 가신으로 필두가로(영주의 가신들 중에서도 우두머리 격의 중신)였다. 고바야카와 다카가게를 보좌하여 산요지방을 경략한다. 모리 모토나리의 사후 사인방 중 1명이 되어 당주인 데루모토를 보좌하며 국정에 참여한다.

다테 마사무네伊達政宗 **(이달정종, 1567~1636)**

다테 데루무네의 적남. 다테 가 제17대 당주로 24세에 오슈를 제패한다. 눈이 하나인 데다 용맹하고 뛰어나다 하여 '독안룡獨眼龍'이라고 불렸다.

나가노 무네토키中野宗時 **(중야종시, 1503~1575)**

다테 가의 가신으로 덴분의 난天文の乱 때 주군인 다테 하루무네의 참모를 맡는다. 데루무네 대에 모반을 일으키나 패해 유랑 끝에 아사한다.

다테 하루무네伊達晴宗 (이달청종, 1519~1577)
다테 가 제15대 당주로 다테 타네무네의 적남이다. 부친과 대립해 덴분의 난을 일으키나 종식 후 가독을 물려받고 부친처럼 혼인 외교로 가문의 지위를 다진다.

시로이시 무네자네白石宗実 (백석종실, 1553~1599)
다테 가의 가신으로 다테 하루무네와 마사무네 2대를 섬긴다. 스리아게하라 전투에서 다테 시게자네와 함께 다테군의 주력을 형성한다. 임진왜란에 종군한다.

엔도 모토노부遠藤基信 (원등기신, 1532~1585)
다테 가의 가신으로 나가노 무네도키 실각 후 다테 데루무네의 신임을 받는다. 정사를 담당하며 오다 노부나가와 서간을 교환한다. 데루무네 사후 그 무덤에서 순사한다.

오니와 사게츠사이鬼庭左月斎 (귀정좌월재, 1513~1585)
다테 가의 가신으로 덴분의 난 때 아버지 오니와 모토자네와 함께 다테 하루무네 편에 선다. 무용이 뛰어나 중용되었으며 1585년 히토토리바시 전투에서 마사무네가 지휘를 맡기자, 노령으로 은거했음에도 지휘를 맡아 임무 수행 중 전사한다.

오니와 츠나모토鬼庭綱元 (귀정강원, 1549~1640)
다테 가의 가신으로 다테 마사무네를 섬겼으나, 임진왜란 때 도요토미 히데요시의 애첩을 하사받은 것이 마사무네의 분노를 사 도주한다. 후에 다시 돌아와서 국정에 관여한다.

하라다 무네토키原田宗時 (원전종시, 1565~1593)
다테 가의 가신으로 18세에 병마권을 받는다. 각지에서 공을 세운 강용의 무사로 임진왜란에 종군 중 병사한다.

사이토 도산齊藤道三 (재등도삼, 1494~1556)
야마시로의 니시오카에서 태어났으며, 도기土岐 가의 당주인 요시미 마사요리政頼를 쫓아내는 등 하극상으로 미노의 다이묘에 오른다. 후사를 둘러싸고 장자인 요시타츠義龍와의 불화로 나가라 강에서 전사한다.

가토 미츠야스加藤光泰 **(가등광태, 1537~1593)**

처음에는 사이토 다츠오키斎藤竜興를 따랐으나 그가 멸망한 이후 오다 노부나가, 1570년쯤부터는 도요토미 히데요시를 섬긴다. 야마자키 전투에서의 공으로 슈잔周山의 성주가 된다. 한때 히데요시의 심기를 건드려 미움을 받았으나, 후에 용서받고 1590년에 가이 24만 석을 받아 그곳에서 산다. 임진왜란 이후 귀국하던 길에 목숨을 잃는다.

사이토 다츠오키斎藤龍興 **(재등룡흥, 1548~1573)**

사이토 요시타츠의 아들로 태어나 부친이 죽은 뒤 14세의 나이로 미노의 영주 자리에 오른다. 주색에 빠져 국사를 돌보지 않다가 오다 노부나가의 공격을 받고 이나바 산성을 뺏긴 후 에치젠의 아사쿠라 요시가게에게 도움을 요청한다. 이후 요시가게와 함께 노부나가에게 대항한다.

사이토 요시타츠斎藤義龍 **(재등의룡, 1527~1561)**

사이토 가의 제2대 당주. 사이토 도산과 측실 사이에서 태어난 장자다. 도산이 정실의 아들인 마고시로로 하여금 후사를 잇게 하려고 하자, 도산을 나가라 강 전투에서 물리치고 패권을 잡는다. 하지만 그 뒤 오다 노부나가에 의해 멸망한다.

안도 모리나리安藤守就 **(안등수취, 1523~1582)**

사이토 가의 가신으로 미노 삼인방 중 한 명이다. 주가 멸망 후 오다 가에 사관하지만 후에 추방됐다. 혼노지의 변을 틈타 옛 영지 회복을 위해 군사를 일으키지만, 이나바 잇테츠와 전투 중에 패사한다.

오사와 지로자에몬 마사히데大澤治郞左衛門正秀 **(대택치랑좌위문정수, ?~?)**

사이토 가의 가신으로 '우누마鵜沼의 호랑이'라고 불릴 정도로 맹장이었으나 도요토미 히데요시의 설득에 넘어가 오다 노부나가의 가신이 된다. 그 뒤로는 히데요시와 히데츠구를 섬겼으나 히데츠구가 자결하자 오다와라의 만송원에서 칩거하다 생을 마친 것으로 알려져 있다.

우지이에 보쿠젠氏家卜全 **(씨가복전, 1513~1571)**

사이토 가의 가신으로 미노 삼인방 중 한 명이다. 이후, 오다 가에 사관해 이세 평정전에서 공을 세웠으며 잇코잇키 폭동에 맞서다가 오다군이 패주할 때 후군을 맡았으나 전사한다.

이나바 잇테츠稲葉一鉄 (도엽일철, 1516~1589)

아버지와 형 다섯이 모두 전사하여 환속해서 집안의 대를 잇는다. 소네曾根의 성주가 된다. 사이토 도산斎藤道三을 섬겼으며 안도 모리나리安藤守就, 우지이에 보쿠젠氏家卜全과 함께 미노 삼인방으로 불린다. 오다 노부나가와 내통해서 노부나가의 미노 정벌을 도왔으며 혼노지의 변 이후에는 도요토미 히데요시를 따른다.

다케나카 한베에 시게하루竹中半兵衛重治 (죽중반병위, 1544~1579)

사이토 가를 섬기며 오다 노부나가가 지휘하는 미노 침공군을 격파하는 공을 세우지만, 주군인 미요시 요시오키와의 불화로 은거하게 된다. 그 뒤 도요토미 히데요시의 간청을 이기지 못하고 그의 군사軍師가 되어 구로다 간베와 함께 많은 공을 세우며 노부나가의 총애를 받는다. 히데요시의 주고쿠 정벌에 종군하여 하리마의 히라이 산 본진에서 지병으로 병사한다.

시마즈 다카히사島津貴久 (도진귀구, 1514~1571)

시마즈 다다요시의 적남으로 시마즈 가 제15대 당주. 부친의 보좌를 받아 영토를 넓혀 사츠마 통일을 달성한다. 신무기 철포의 도입과 적극적인 외교 정책 등으로 시마즈 가 도약의 토대를 쌓는다.

니이로 타다모토新納忠元 (신납충원, 1526~1610)

시마즈 가의 가신으로 각지의 전투에서 활약하여 시마즈 가의 독경소에 이름을 남긴 사인 중 한 명이다. 『이재돌격식정목』을 저술했다.

다네가시마 도키다카種子島時堯 (종자도시오, 1528~1579)

시마즈 가의 가신으로 다네가시마 영주 시게토리의 적남이다. 다네가시마에 표류한 포르투갈 선박에서 철포를 입수해 분석 및 개량하여 국산화에 성공한다.

시마즈 요시히사島津義久 (도진의구, 1533~1611)

시마즈 가 제16대 당주로 시마즈 다카히사의 적남이다. 우수한 동생들의 도움을 받아 영토를 확대해 큐슈 대부분을 손에 넣지만, 도요토미 히데요시의 큐슈 정벌군에 패배한다.

시마즈 요시히로島津義弘 (도진의홍, 1535~1619)

시마즈 가 제17대 당주로 시마즈 다카히사의 차남이다. 이토와 오토모 양가를 분쇄하여 시마즈 가를 번영으로 이끈 가중 제일의 맹장이다. 임진왜란에 참전했으며 '귀석만자鬼石曼子'라고 불렸다.

시마즈 짓신사이島津日新斎 (도진일신재, 1493~1568)

이자쿠 시마즈 제10대 당주로 적남 다카히사에게 시마즈 종가의 가독을 계승시킨다. 이로하 노래를 만들어 가신 교육에 종사하는 등 시마즈 가 융성의 기반을 다진 시마즈 가 중흥의 시조다.

야마다 아리노부山田有信 (산전유신, 1544~1609)

시마즈 가의 가신으로 각지의 전투에서 활약했다. 이토 가 멸망 후 휴가 다카하루 성주가 된다. 미미카와 전투에서 소수의 병력으로 오토모의 대군으로부터 거성을 지켜내 주가의 승리에 공헌한다.

이쥬인 타다아키伊集院忠朗 (이집원충랑, 1502~1566)

시마즈 다다요시와 다카히사를 섬기며 시마즈 가의 사츠마 통일에 공헌한다. 이와츠루기 성 공격 때 일본 최초로 철포를 실전에서 사용한다. 후에 필두가로가 되었고 키모츠키 가를 도발하여 공격의 단서를 만든다.

오토모 소린大友宗麟 (대우종린, 1530~1587)

오토모 요시아키의 아들로 오토모 가 제21대 당주. 후에 이름을 요시시게에서 소린으로 개명한다. 최성기에는 큐슈 6개국을 영지로 삼았으나, 다카조 가와 전투에서 시마즈 가에 패해 다수의 가신을 잃고 몰락하게 된다.

다치바나 도세츠立花道雪 **(립화도설, 1513~1585)**

오토모 가의 가신으로 타치바나성 서성독이다. 낙뢰로 하반신 불구가 되었으나 가마에 타고 오토모의 선봉을 맡아 '귀신 도세츠'라는 별명이 붙었다. 오키타나와테 전투 후 공세로 돌아서 류조지 가의 각 성을 함락했으나, 류조지 이에하루의 저항에 야나가와 성을 함락하지 못하다가 오랜 진중의 피로로 병사한다.

다카하시 소운高橋紹運 **(고교소운, 1548~1586)**

오토모 소린의 명으로 다카하시 가의 가독을 잇고 다치바나 도세츠와 함께 북 규슈의 군권을 통솔한다. 미미가와 전투 후 사력을 다해 치쿠고를 방위했으며, 오키타나와테 전투 후 다치바나 도세츠와 함께 치쿠고를 거의 회복한다. 그러나 다치바나 도세츠가 죽자 홀로 치쿠고를 방위할 수 없게 되어, 시마즈 가의 5만 대군에 맞서 이와야 성에서 700명의 장병과 함께 옥쇄한다.

요시오카 나가마스吉岡長増 **(길강장증, 1499~1573)**

오토모 요시아키, 요시시게 2대 간 가한슈加判衆(오토모 가신단의 최상위)로 봉직했으며, 모리 가의 치쿠젠 침입 저지에 활약한다. 모리 가의 맹공에 오토모 가가 멸망의 위기에 몰리자, 무라카미 수군을 농락시키고, 오우치 테루히로를 스오에 파견해 모리 가의 후방을 뒤흔들게 하여 모리군을 규슈에서 물러나게 한다. 호슈 삼로 중 한 명이다.

요시히로 아키타다吉弘鑑理 **(길홍감리, 1515~1571)**

오토모 가의 가신으로 호조 우지나오의 아들이다. 세이바가하루 전투에서 아버지가 전사하자 가독을 상속한다. 우스키 아키하야, 요시오카 나가마스와 함께 호슈 삼로라 했으며, 오토모 가의 주요 전투에 종군하는 한편 정치 면에서도 성과를 올린다. 타치바나 성독으로 임명될 예정이었으나, 그 전에 병사하여 베츠키 아키츠라가 임명되었다.

우스키 아키하야臼杵鑑速 **(구저감속, 1518~1575)**

우스키 아키츠구의 동생으로 오토모 가의 가신. 호슈 삼로 중 한 명이다. 아들이 없던 형의 뒤를 따라 가독을 잇는다. 외교 면에서 크게 활약했으며 류조지 가, 모리 가와 싸운다.

이치마다 아키자네—萬田鑑実 (일만전감실, 1535~1588)

오토모 가의 가신으로 이치마다 치카자네의 아들이다. 키쿠치 · 아키즈키 · 다카하시 공격에서 공을 세웠으며, 미미가와 전투에서는 신가리殿軍를 맡았다. 시마즈 가의 분고 침입에 일족 중에서 내통자가 속출하는 중에서도 오토모측에서 군공을 세웠으나, 일족 배반을 이유로 오토모 요시무네에게 자결 명령을 받는다.

▣ 기타

가이호 유쇼海北友松 (해북우송, 1533~1615)

이름은 쇼에키紹益. 무문에서 태어나 이마이 가와 함께 멸망한 가이호 가의 재흥을 노렸으나 뜻을 이루지 못하고 화가로 이름을 날린다. 당시 수묵에 새로운 바람을 불어넣었으며, 금벽화 양식을 확립한다. 사원의 장벽화와 병풍 그림을 다수 그린다. 아케치 미츠히데의 가신인 사이토 도시미츠와 특히 친분이 두터워 그가 처형된 후, 유체를 거둔 것으로 알려져 있다.

기쿠테이 하루스에菊亭晴季 (금출천청계, 1539~1617)

1548년에 종3위, 1585년에 종1위 우다이진이 되며 도요토미 히데요시의 관백 취임에 크게 기여한다. 1595년에 사위인 도요토미 히데츠구豊臣秀次의 사건에 연루되어 에치고越後로 유배당하나 이듬해에 죄를 용서받고 다시 돌아온다. 사후에 다시 우다이진이 된다.

다니 쥬베谷忠兵衛 (곡충징, 1534~1600)

이름은 타다즈미忠澄. 도사 쵸소카베 모토치카의 가신이다. 원래는 도사의 신사에서 일했다. 도요토미 히데요시의 시코쿠 정벌 때 아와阿波 이치노미야一宮 성을 지키며, 화의 체결에 힘쓴다. 1586년 헤츠기가와戸次川 전투에서는 모토치가의 장남 노부치카信親의 유골을 시마즈島津로부터 받는 사자로 활약한다.

다이겐 세츠사이大原雪齊 (태원설재, 1496~1555)

임제종 승려이자 이마가와 일족인 이하라 사에몬노조의 아들로 이마가와 가의 군사軍師 역할을 담당한다. 이마가와 요시모토가 패권을 잡는 것을 돕고 내정과 외교와 군사에 수완을 발휘해 이마가와 가의 전성기를 구축하는 데 큰 공을 세운다. 요시모토에게 천하 패권의 대망을 심어주고, 볼모로 잡혀 있던 도쿠가와 이에야스에게 학문과 병법을 가르쳐준 스승이기도 하다.

마나세 도산曲直瀬道三 (곡직뢰도삼, 1507~1594)

아즈치모모야마시대의 의사로 호는 스이치쿠인翠竹院, 고세이오盍静翁 등이다. 다시로 산키田代三喜에게서 중국의 의학을 배워 오오기마치 천황과 아시카가 요시테루의 총애를 받는다. 교토에 의학사인 게이테키도啓迪堂를 설립한다. 일본 의학 중흥의 아버지라 불린다.

아사이 나가마사浅井長政 (천정장정, 1545~1573)

기타오우미의 다이묘이자 아사이 가의 마지막(제3대) 당주이며 오다 노부나가의 처남이다. 노부나가와의 불가침조약을 깨고 노부나가와 도쿠가와 이에야스 연합군이 에치젠을 공격할 때, 아사쿠라 가에 가담하여 노부나가의 배후를 급습한다. 이에 격분한 노부나가가 나가마사의 거성인 오다니 성을 포위하자 끝까지 항전하다 자결한다.

아사쿠라 요시가게朝倉義景 (조창의경, 1533~1573)

에치젠 아사쿠라 가의 최후(제11대)의 당주로 막부 정치의 부활을 꿈꿨으나 오다 노부나가가 요시아키를 장군으로 옹립한 뒤 노부나가와 대립하게 된다. 그 뒤 아네강 전투에서 노부나가와 도쿠가와 이에야스 연합군에게 대패를 당하고 아사이 가와 협력해 대항하지만 결국 에치젠으로 쳐들어온 노부나가군에게 패하여 도망치다 견송사에서 자결한다.

아시카가 요시테루足利義輝 (족리의휘, 1546~1565)

무로마치막부의 제12대 장군인 요시카가 요시하루의 장남으로 태어나 열한 살 때, 제13대 장군직에 오른다. 난세의 실추된 장군가의 권위와 권력을 되찾기 위해 각지의 다이묘 간의 분쟁을 조정하며 실력을 쌓기 위해 노력하지만, 결국 마츠나가 히사히데와 미요시 세력의 공격을 받고 살해당한다.

아시카가 요시아키足利義昭 (족리의소, 1537~1597)

요시카가 요시하루의 차남으로 제15대 장군이다. 제13대 장군이자 친형인 요시테루가 마츠나가 히사히데에게 살해되자 막신의 도움으로 나라奈良에서 탈출해 각지를 전전한다. 오다 노부나가의 도움으로 장군직에 오른 뒤, 반노부나가 연합을 결성하여 노부나가를 제거하려다 실패하고 교토에서 추방당한다.

야마나카 시카노스케 유키모리山中鹿之介幸盛 (산중록지개, 1545~1578)

산인 지방 아마고 가의 가신으로 무용에 뛰어나서 '산인의 기린아'로 불린다. 아마고 가를 재건하기 위해 오다 노부나가 밑으로 들어가 주고쿠 정벌의 선봉에 서서 고즈키 성을 함락시킨다. 하지만 전황이 급변하여 오다군이 고즈키 성을 포기하자 고립되고 만다. 모리군에게 거짓으로 항복하고 모리 데루모토를 죽이려 하지만, 결국 눈치 챈 모리군에게 암살당한다.

오쿠무라 나가요시의 아내(?~?)

1584년 엣추의 삿사 나리마사에게 스에모리 성이 포위당할 때 남편 오쿠무라 나가요시가 힘이 미치지 못해 자결하려 하자, 스스로 장검을 차고 남녀 여럿을 인솔하여 밤낮으로 성안을 순시하며, 병사들을 위로하여 마에다 도시이에의 원군이 도착하기까지 버틸 수 있게 돕는다.

이마가와 요시모토今川義元 (금천의원, 1519~1560)

이마가와 가의 제7대 당주인 이마가와 우지치카의 다섯째 아들로 태어나 불문에 들어가지만 후사를 둘러싼 내분에서 승리한 뒤 제9대 당주가 된다. 일찍이 토가이도東海道 지역의 강자로 군림하며 천하 패권을 위해 대군을 이끌고 상락을 결행하지만, 오케하자마 전투에서 오다 노부나가의 기습을 받고 전사한다.

이마가와 우지자네今川氏真 (금천씨진, 1538~1615)

이마가와 가의 제10대 당주. 부친인 이마가와 요시모토가 오케하자마 전투에서 오다 노부나가에게 패하고 죽자, 그 뒤를 이어 당주가 되지만 다케다 신겐과 도쿠가와 이에야스의 공격을 받고 멸망한다.

이소노 단바磯野丹波 (기야원창, 1523~1590)

이소노 가즈마사磯野員昌. 아사이 가의 가신으로 아네 강의 전투에서 결사대를 이끌고 오다 노부나가 본진까지 진격하는 등 뛰어난 무공을 자랑하지만, 아네 강 전투 이후 거성이 고립되어 노부나가에게 투항한다. 그 뒤 노부나가를 섬기지만 노부나가의 뜻을 거슬러 추방당한다.

쵸소카베 모토치카長曽我部元親 (장종아부원친, 1539~1599)

도사국의 국주에서 전국다이묘로 성장했으며 미요시, 사이온지, 고노가 등과 싸워 시코쿠四国의 패자가 된다. 그러나 이후 오다 노부나가의 손길이 미쳤으며 노부나가의 후계자인 도요토미 히데요시에게 져서 도사 1개국만 다스리게 된다. 도요토미 정권 시 헤츠기가와戸次川 전투에서 총애하던 아들을 잃은 뒤부터 성격이 거칠어져 집안을 어지럽힌 채 숨진다.

츠다 소큐津田宗及 (진전종급, ?~1591)

아즈치모모야마시대 사카이의 호상이자 다인. 센 리큐千利休, 이마이 소큐今井宗久와 함께 천하 삼종장三宗匠이라 불린다. 소큐에 이르러 가업이 발전했으나, 재벌 특권 상인으로는 이마이 소큐에게 밀리고, 다인으로서는 센 리큐에게 한걸음 뒤진 것으로 평가된다.

히구치 사부로베樋口三郎兵衛 (통구직방, ?~1574)

히구치 나오후사樋口直房. 대대로 오우미구니의 사카다군을 다스린 호리 가의 가신으로 아사이 가를 따르며 어린 주군인 히데무라를 대신해 영지를 다스린다. 오다 노부나가가 아사쿠라 가를 공격할 때, 다케나카 한베와 오유가 찾아와 설득하자 도요토미 히데요시에게 투항한다. 그 뒤로 히데요시를 섬긴다.

전국시대戰國時代 삼호걸三豪傑 연보年譜

⚜ 오다 노부나가織田信長 (1534~1582)

<table>
<tr><td rowspan="16">오다 노부나가 織田信長</td><td rowspan="2">오다 킷포시
織田吉法師</td><td>1세</td><td>오와리의 오다 노부히데의 셋째 아들로 태어나다.</td></tr>
<tr><td>2세</td><td>아버지에게 나고야 성을 받다.</td></tr>
<tr><td rowspan="3">오다 사부로 노부나가
織田三郎信長</td><td>13세</td><td>후루와타리 성에서 관례식을 치르다.</td></tr>
<tr><td>14세</td><td>첫 출전하다.</td></tr>
<tr><td>15세</td><td>사이토 도산의 딸 노히메와 결혼하다.</td></tr>
<tr><td rowspan="3">오다 가즈사노스케 노부나가
織田上総介信長</td><td>18세</td><td>아버지가 사망하고 재산 상속받다.
가즈사노스케는 자칭.</td></tr>
<tr><td>21세</td><td>슈고다이의 거성에 진출, 오다 일족을 장악하다.</td></tr>
<tr><td>26세</td><td>오와리 통일을 완성하다.</td></tr>
<tr><td>오다 오와리노카미 노부나가
織田尾張守信長</td><td>33세</td><td>교토 입성을 앞두고 오와리노카미로 관직명을 고치다.</td></tr>
<tr><td>오다 단죠노츄 노부나가
織田弾正忠信長</td><td>41세</td><td>천황으로부터 관직 승서의 내명이 있었지만 사퇴하다.</td></tr>
<tr><td rowspan="5">오다 노부나가
織田信長</td><td>42세</td><td>나이다이진이 되다.</td></tr>
<tr><td>43세</td><td>우다이진이 되다.</td></tr>
<tr><td>44세</td><td>우다이진과 우콘에 대장의 자리에서 사임하다.</td></tr>
<tr><td>47세</td><td>사다이진 취임의 명이 있었지만 받지 않다.</td></tr>
<tr><td>48세</td><td>조정으로부터 다죠다이진, 쇼군으로 추대되지만 받지 않다.</td></tr>
</table>

⚜ 도요토미 히데요시豊臣秀吉 (1537~1598)

	이름	나이	내용
도요토미 히데요시豊臣秀吉	키노시타 도키치로 木下藤吉郎	1세	오와리 나카무라에서 야에몬 · 나카 부부의 장남으로 태어나다.
		22세	오다 노부나가의 신임을 얻어 하인, 하인의 우두머리에서 아시가루, 아시가루 대장으로 출세하다.
		25세	아사노 마타에몬의 양녀 네네와 결혼하다. 네네가 키노시타 가문 출신이기 때문에 키노시타라는 성을 따르다.
	키노시타 도키치로 히데요시 木下藤吉郎秀吉	32세	노부나가로부터 아사히나 사부로 요시히데朝比奈三郎義秀의 이름을 본따 요시히데라는 이름을 권유받다. 요시히데를 거꾸로 하고, 쇼군 요시아키의 요시義를 피해 요시吉로 바꾸다.
		37세	노부나가로부터 아사이 가의 옛 영토와 오다니 성을 받다.
	하시바 도키치로 히데요시 羽柴藤吉郎秀吉	38세	나가하마 성을 구축하고 거성으로 삼다.
	하시바 치쿠젠노카미 히데요시 羽柴筑前守秀吉	38세	노부나가로부터 치쿠젠노카미의 수령직을 받다.
		49세	나이다이진이 되다.
	후지와라 히데요시 藤原秀吉	49세	간바쿠에 오르다. 종래 후지와라 이외의 인물이 간바쿠가 된 전례가 없기 때문에 후지와라 가문의 필두 코노에近衛 가의 양자가 되어 후지와라로 성을 고치다.
	도요토미 히데요시 豊臣秀吉	50세	다죠다이진이 되다. 고요제이 천황으로부터 도요토미라는 성을 하사받다.
		54세	오슈 평정하고 천하 통일을 이루다.
		55세	간바쿠를 양자 히데츠구에게 물려주고, 다이코太閤라 칭하다.

⚜ 도쿠가와 이에야스徳川家康(1543~1616)

<table>
<tr><td rowspan="14">도쿠가와 이에야스徳川家康吉</td><td rowspan="3">마츠다이라 타케치요
松平竹千代</td><td>1세</td><td>미카와의 다이묘, 마츠다이라 히로타다의 장남으로 태어나다.</td></tr>
<tr><td>6세</td><td>이마가와 요시모토의 인질로 가는 도중 오다 노부히데(노부나가의 아버지)에게 납치되다.</td></tr>
<tr><td>8세</td><td>이마가와의 포로 오다 노부히로와의 교환이 성립되어 슨푸로 가다.</td></tr>
<tr><td rowspan="2">마츠다이라 지로사부로 모토노부
松平次郎三郎元信</td><td>14세</td><td>관례를 치르다. 이마가와 요시모토가 이름을 지어주다.</td></tr>
<tr><td>15세</td><td>이마가와 요시모토의 조카딸 카메히메와 결혼하다.</td></tr>
<tr><td>마츠다이라 쿠란도 모토야스
松平藏人元康</td><td>16세</td><td>첫 출전하다. 조부 기요야스의 야스康를 따서 개명하다.</td></tr>
<tr><td>마츠다이라 쿠란도 이에야스
松平藏人家康</td><td>22세</td><td>노부나가와 키 요스 동맹을 결성하다. 이마가와와 결별하고, 요시모토에서 빌린 이름 모토元를 버리다.</td></tr>
<tr><td rowspan="6">도쿠가와 이에야스
川家康</td><td>25세</td><td>미카와를 통일하다. 조정에서 미카와노카미三河守에 임명되다. 도쿠가와로 개성하다.</td></tr>
<tr><td>44세</td><td>후쿠츄나곤이 되다.</td></tr>
<tr><td>45세</td><td>후쿠다이나곤이 되다.</td></tr>
<tr><td>54세</td><td>나이다이진이 되다.</td></tr>
<tr><td>62세</td><td>우다이진이 되고 쇼군이 되다.</td></tr>
<tr><td>74세</td><td>다죠다이진이 되다.</td></tr>
</table>

⚜ 그 외 이름을 바꾼 무장들

통 명	본 명
고토 마타베(後藤又兵衛 · 후등우병위)	모토츠구(基次 · 기차)
나이토 죠안(内藤如安 · 내등여안)	타다토시(忠俊 · 충준)
마에다 케이지(前田慶次 · 전전경차)	토시마스(利益 · 리익)
마츠쿠라 우콘(松倉右近 · 송창우근)	시게노부(重信 · 중신)
모리 난마루(森蘭丸 · 삼란환)	나리토시(成利 · 성리)
모리 타헤에(母里太兵衛 · 모리태병위)	토모노부(友信 · 우신)
모리 신스케(毛利新助 · 모리신조)	요시가츠(良勝 · 량승)
미슈쿠 간베(御宿勘兵衛 · 어숙감병위)	마사토모(政友 · 정우)
미코가미 텐젠(御子神典膳 · 어자신전선)	요시아키(吉明 · 길명)
바바 노부하루(馬場信春 · 마장신춘)	노부후사(馬場信房 · 마장신방)
반 단에몬(塙团右衛門 · 고단우위문)	나오유키(直之 · 직지)
사나다 유키무라(真田幸村 · 진전행촌)	노부시게(信繁 · 신번)
사나다 다이스케(真田大助 · 진전대조)	유키마사(幸昌 · 행창)
센 리큐(千利休 · 천리휴)	소에키(宗易 · 종역)
센고쿠 곤베(仙石権兵衛 · 선석권병위)	히데히사(秀久 · 수구)
소고 마사하루(十河存春 · 십하존춘)	가게시게(景滋 · 경자)
스즈키 사다유(鈴木佐大夫 · 령목좌대부)	시게오키(重意 · 중의)
시마 사콘(島左近 · 도좌근)	기요오키(清興 · 청흥)
시마즈 짓신사이(島津日新斎 · 도진일신재)	다다요시(忠良 · 충량)
시부에 나이젠(渋江内膳 · 삽강내선)	마사미츠(政光 · 정광)
아마쿠사 시로우(天草四郎 · 천초사랑)	도키사다(時貞 · 시정)
아메노모리 야헤(雨森弥兵衛 · 우삼미병위)	기요사다(清貞 · 청정)
아사쿠라 소테키(朝倉宗滴 · 조창종적)	노리가게(教景 · 교경)
아키야마 노부토모(秋山信友 · 추산신우)	도라시게(虎繁 · 호번)
야규 세키슈사이(柳生石舟斎 · 류생석주재)	무네요시(宗厳 · 종엄)
야규 쥬베(柳生十兵衛 · 류생십병위)	미츠요시(三厳 · 삼엄)
야규 효우고노스케(柳生兵庫助 · 류생병고조)	토시요시(利厳 · 리엄)
야마가미 도큐(山上道及 · 산상도급)	테루히사(照久 · 조구)

통 명	본 명
야마나카 시가노스케(山中鹿之介 · 산중록지개)	유키모리(幸盛 · 행성)
야마모토 칸스케(山本勘助 · 산본감조)	하루유키(晴幸 · 청행)
야스이 도돈(安井道頓 · 안정도돈)	나리야스(成安 · 성안)
오니와 사게츠사이(鬼庭左月斎 · 귀정좌월재)	요시나오(良直 · 량직)
오다 노부다카(織田信孝 · 직전신효)	간베 노부다카(神戸信孝 · 신호신효)
오오타 도칸(太田道灌 · 태전도관)	스케나가(資長 · 자장)
오카 사나이(岡左内 · 강좌내)	사다토시(定俊 · 정준)
오쿠무라 스케에몬(奥村助右衛門 · 오촌조우위문)	나가토미(永福 · 영복)
와타나베 간베(渡辺勘兵衛 · 도변감병위)	사토루(了 · 료)
우지이에 보쿠젠(氏家卜全 · 씨가복전)	나오모토(直元 · 직원)
이나바 잇테츠(稲葉一鉄 · 도엽일철)	요시미치(良通 · 량통)
이이 나오마사(井伊直政 · 정이직정)	만치요(万千代 · 만천대)
이이다 카쿠베(飯田覚兵衛 · 반전각병위)	나오가게(直景 · 직경)
이케다 츠네오키(池田恒興 · 지전항흥)	노부테루(信輝 · 신휘)
이토 만쇼(伊東マンショ · 이동만쇼)	스케마스(祐益 · 우익)
이토 잇토사이(伊東一刀斎 · 이동일도재)	가게히사(景久 · 경구)
가니 사이조(可児才蔵 · 가아재장)	요시나가(吉長 · 길장)
가이 소운(甲斐宗運 · 갑비종운)	치카나오(親直 · 친직)
기타쿠라 코쥬로(片倉小十郎 · 편창소십랑)	가게츠나(景綱 · 경강)
고마키 겐타(小牧源太 · 소목원태)	미치이에(道家 · 도가)
고지마 야타로(小島弥太郎 · 소도미태랑)	사다오키(貞興 · 정흥)
구로다 간베(黒田官兵衛 · 흑전관병위)	요시다카(孝高 · 효고)
타와라 쇼닌(田原紹忍 · 전원소인)	치카카타(親賢 · 친현)
다카야마 우콘(高山右近 · 고산우근)	시게토모(重友 · 중우)
타케나카 한베(竹中半兵衛 · 죽중반병위)	시게하루(重治 · 중치)
하야시 라잔(林羅山 · 림라산)	노부가츠(信勝 · 신승)
하치스카 코로쿠(蜂須賀小六 · 봉수하소륙)	마사가츠(正勝 · 정승)
핫토리 한조(服部半蔵 · 복부반장)	마사나리(正成 · 정성)
후루타 오리베(古田織部 · 고전직부)	시게나리(重然 · 중연)

❖ 오다 노부나가 시대의 세력 지형도(1549~1582)

- 노부나가가 멸망시킨 전국시대 다이묘
- 노부나가 군의 사령관
- 유력 전국시대 무장
- 노부나가의 유력 무장
- 오다 노부나가의 최대 세력 범위 표시선

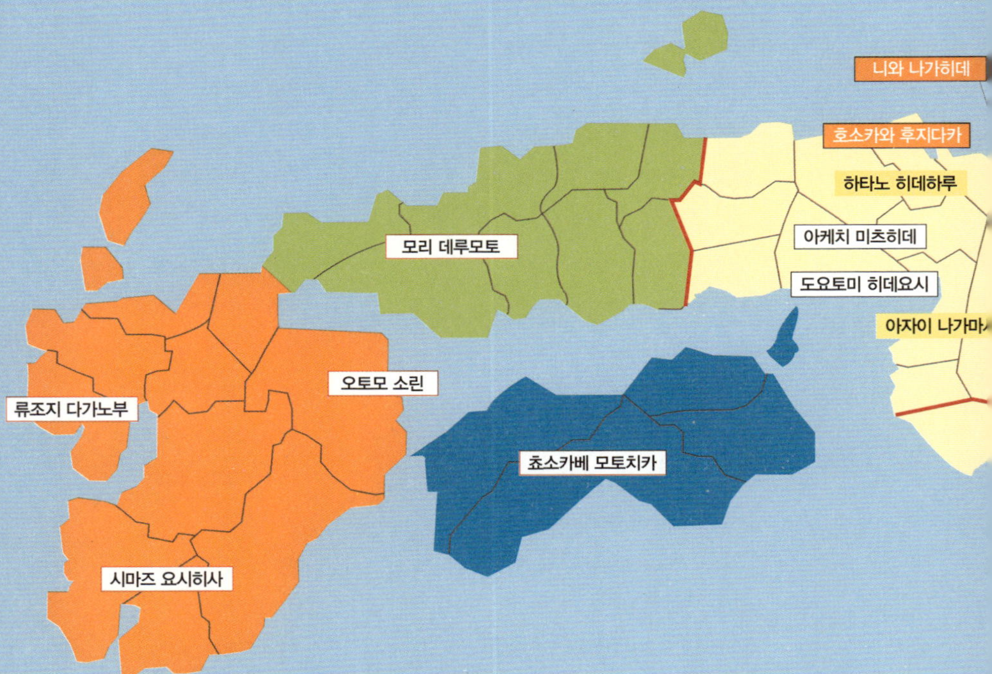

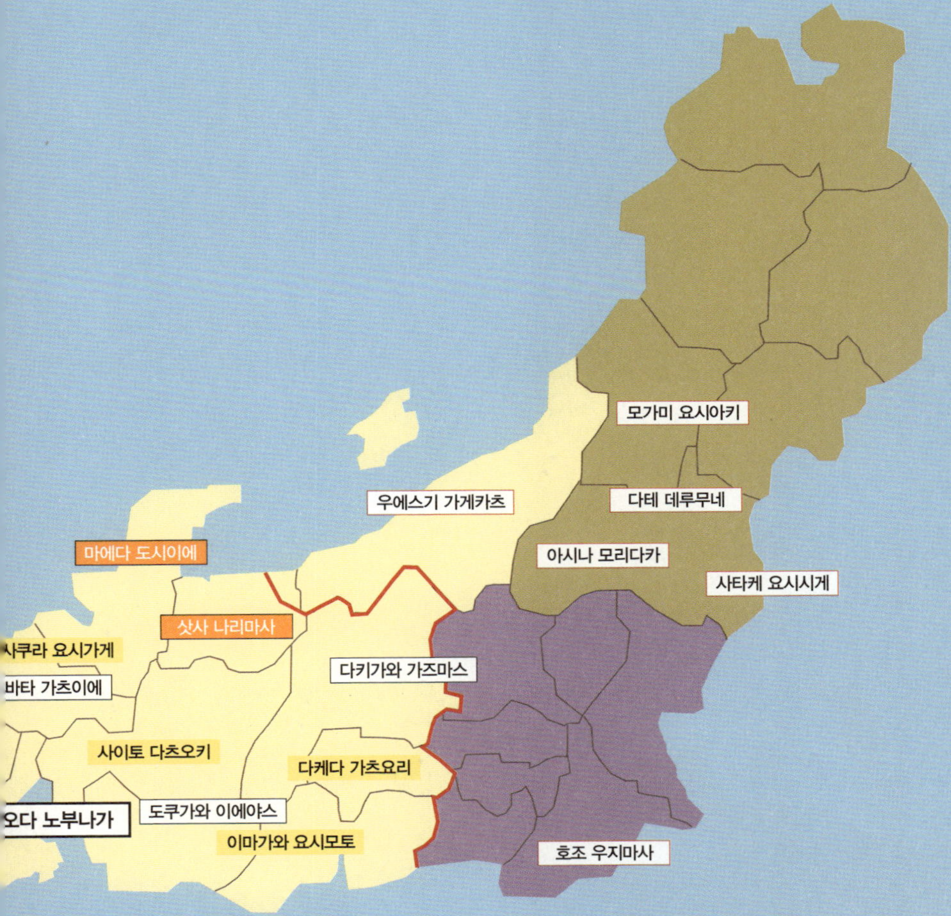

모가미 요시아키
우에스기 가게카츠
다테 데루무네
마에다 도시이에
아시나 모리다카
사타케 요시시게
샷사 나리마사
사쿠라 요시가게
다키가와 가즈마스
바타 가츠이에
사이토 다츠오키
다케다 가츠요리
오다 노부나가
도쿠가와 이에야스
이마가와 요시모토
호조 우지마사

❖ 전국시대戰國時代 주요 전투 지도(● 승리 표시)

아네가와 전투(1570)
오다 · 도쿠가와 : 아사이 · 아사쿠라
세키가하라 전투(1600)
도쿠가와 : 이시다
이나바 산성 정벌(1567)
오다 : 사이토
고마키 · 나가쿠테 전투(1584)
도요토미 : 도쿠가와(무승부)
도호쿠
요네자와
사도섬
니가타
주부
노토
가와나카지마 전투(1561)
다케다 : 우에스기(무승부)
에치고
시라카와
가가
엣추
후쿠이
비와
호수
에치젠
다카야마
시나노
고즈케
시모스케
히타치
히다
미노
세키가하라
무사시
간토
가이
에도
시모우사
나고야
오와리
스루가
사가미
가즈사
오카자키
이즈
오다와라
가마쿠라
도토우미
미카와
요코스카
오다와라 전투(1590)
도요토미 : 호조
가타케 전투(1583)
요토미 : 시바타
우에다 성 정벌(1585)
사나다 : 도쿠가와
오케하자마 전투(1560)
오다 : 이마가와
미카타가하라 전투(1572)
다케다 : 도쿠가와
나가시노 전투(1575)
오다 · 도쿠가와 : 다케다

춘추전국기 인명사전

초판 1쇄 발행 2025년 9월 1일

엮 은 이 편집부
펴 낸 이 안치환
펴 낸 곳 문예사학

편 집 안치환
디 자 인 박소윤
마 케 팅 박건원

등록번호 제2024-000097호
등록일자 2024년 11월 5일
주 소 서울특별시 마포구 동교로 27길 53, 309호
전 화 02 338 0084
팩 스 02 338 0087
메 일 poetromeo@hanmail.net

I S B N 비매품